E. SIEURIN

CARTES D'ÉTUDE

POUR SERVIR À L'ENSEIGNEMENT DE L'HISTOIRE ET DE LA GÉOGRAPHIE

CLASSE DE PREMIÈRE

HISTOIRE CONTEMPORAINE
JUSQU'À 1848
FRANCE ET COLONIES

MASSON ET Cie
ÉDITEURS

1er AVRIL 1927
15 FR.
MASSON & Cie

Cartes d'Etude

I. — HISTOIRE CONTEMPORAINE
JUSQU'À 1848

II. — FRANCE ET COLONIES

Classe de Première

ENSEIGNEMENT DE L'HISTOIRE ET DE LA GÉOGRAPHIE

ENSEIGNEMENT SECONDAIRE JEUNES GENS ET JEUNES FILLES

Cahiers Sieurin

I. *Classe de 6e. (Programmes de 1925).* Géographie générale, Amérique, Australasie (*9e édition*).
II. *Classe de 5e. (Programmes de 1925).* Asie, Insulinde, Afrique (*8e édition*).
III. *Classe de 4e. (Programmes de 1925).* France et Colonies (*11e édition*).
IV. *Classe de 3e. (Programmes de 1925).* Europe (*9e édition*).
V. *Classe de 2e. (Programmes de 1925).* Géographie générale (*3e édition*).
VI. *Classe de 1re. (Programmes de 1925).* France et colonies (*9e édition*).

Cahiers d'Histoire

Par E. SIEURIN

Classe de 6e. (Programmes de 1925). Orient et Grèce (*9e édition*).
Classe de 5e. (Programmes de 1925). Histoire Romaine (*7e édition*).
Classe de 4e. (Programmes de 1925). Europe et France (476 à 1328) (*5e édition*).
Classe de 3e. (Programmes de 1925). Europe et France (XIVe, XVe et XVIe siècles) (*5e édition*).
Classe de 1re. Précis d'Histoire moderne (1715-1815).

CARTES D'ÉTUDE

pour servir à l'enseignement de la Géographie

Atlas complet. — Les Cinq parties du Monde. *Nouvelle édition.*

CARTES D'ÉTUDE

pour servir à l'enseignement de l'Histoire

Antiquité. — Moyen Age. — Temps modernes et contemporains. *Nouvelle édition entièrement refondue et augmentée de cartes relatives à la guerre 1914-1918.*

MANUEL DE GÉOGRAPHIE ÉCONOMIQUE

pour l'Enseignement commercial

Par J.-G. KERGOMARD

Professeur au Lycée Louis-le-Grand, à l'École normale de l'Enseignement technique et aux Écoles commerciales de Paris.

2e édition. 1 vol. in-16, avec cartes et graphiques, cartonné.

(Voir, page 2, la division des Cartes d'Étude.)

2849-28. — Coulommiers. Imprimerie Paul Brodard.

Cartes d'Étude

pour servir à l'Enseignement de

l'Histoire et de la Géographie

PAR

E. SIEURIN

Professeur d'Histoire et de Géographie au Collège de Melun
Directeur des Cours secondaires de jeunes filles

I. — HISTOIRE CONTEMPORAINE JUSQU'À 1848

II. — FRANCE ET COLONIES

Classe de Première

Dix-septième édition

CONFORME AUX PROGRAMMES DE 1925.

PARIS
MASSON ET CIE, ÉDITEURS
120, BOULEVARD SAINT-GERMAIN

1928

ENSEIGNEMENT SECONDAIRE JEUNES GENS ET JEUNES FILLES

CARTES D'ÉTUDE

pour servir à l'Enseignement

DE L'HISTOIRE ET DE LA GÉOGRAPHIE

Classe de Sixième... I. Orient et Grèce.
II. Géographie générale. Amérique, Australasie.
19e édition conforme aux programmes de 1925.

Classe de Cinquième. I. Histoire Romaine.
II. Asie, Insulinde, Afrique.
18e édition conforme aux programmes de 1925.

Classe de Quatrième. I. Histoire de l'Europe et de la France (476-1328).
II. France et Colonies.
15e édition conforme aux programmes de 1925.

Classe de Troisième.. I. Histoire de l'Europe et de la France (XIVe, XVe et XVIe siècles).
II. Europe.
19e édition, conforme aux programmes de 1925.

Classe de Seconde.... I. Le dix-septième et le dix-huitième siècle.
II. Géographie générale.
8e édition, conforme aux programmes de 1925.

Classe de Première.. I. Histoire contemporaine jusqu'à 1848.
II. France et colonies.
17e édition, conforme aux programmes de 1925.

HISTOIRE MODERNE

Histoire Moderne, X.
Classe de Quatrième, I.
— — Seconde, II.
E. P. S. — 1re année, III.
Atlas historique, V.

EUROPE A LA FIN DU XVe SIÈCLE

FRANCE DANS LA SECONDE MOITIÉ DU XVe SIÈCLE

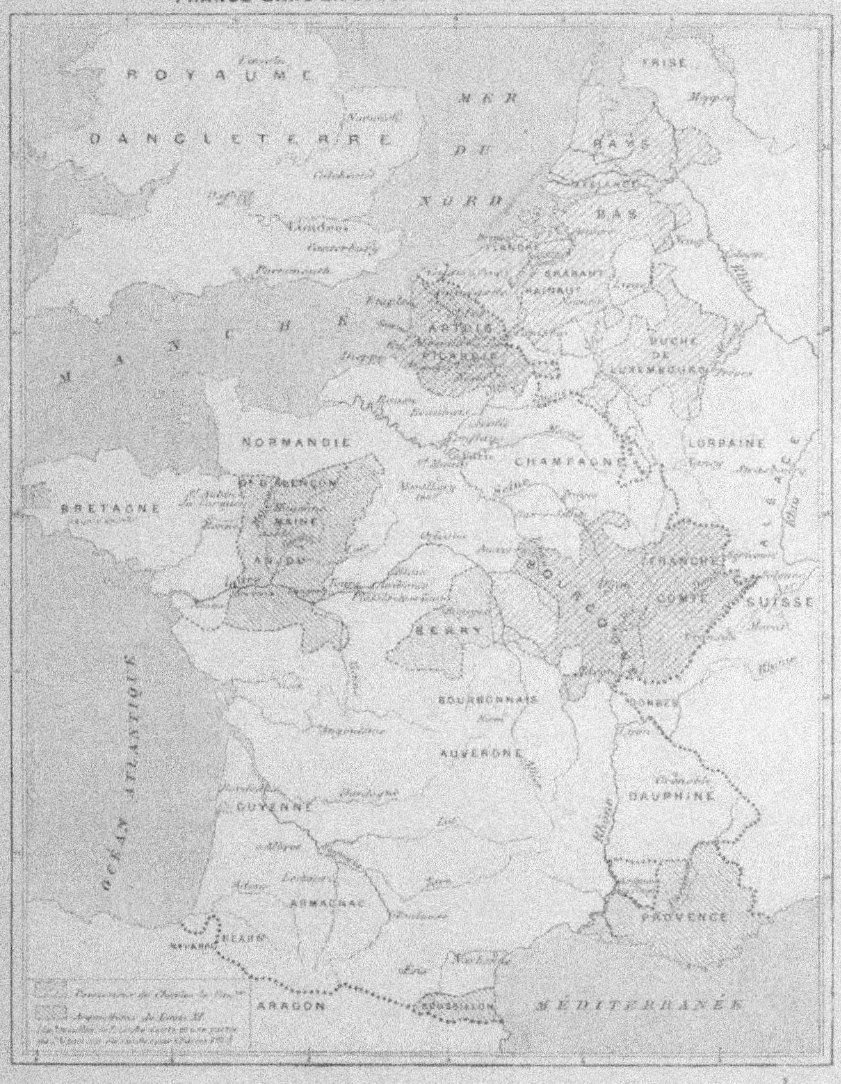

L.

LES GRANDES DECOUVERTES MARITIMES

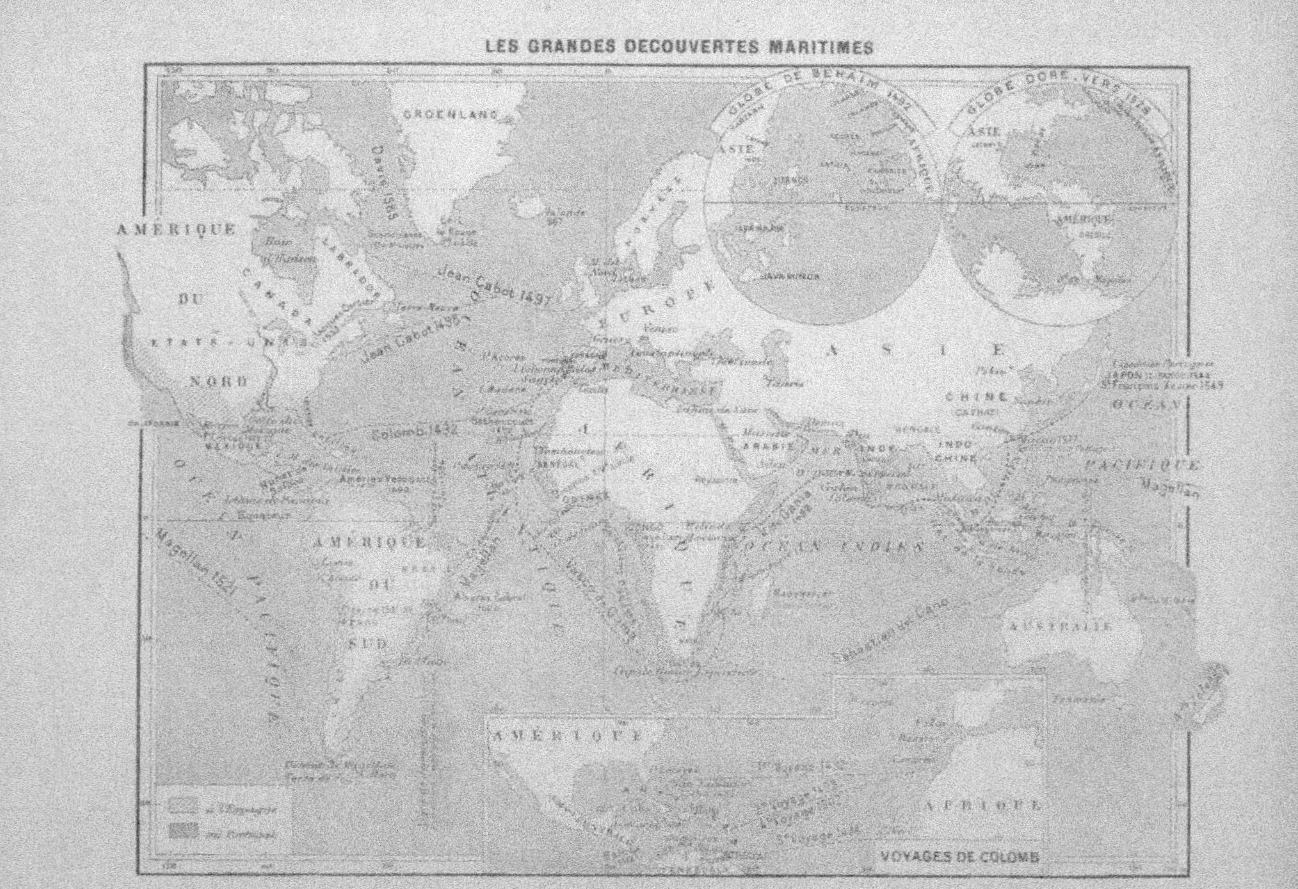

LES GUERRES D'ITALIE

LUTTES DE LA FRANCE ET DE LA MAISON D'AUTRICHE

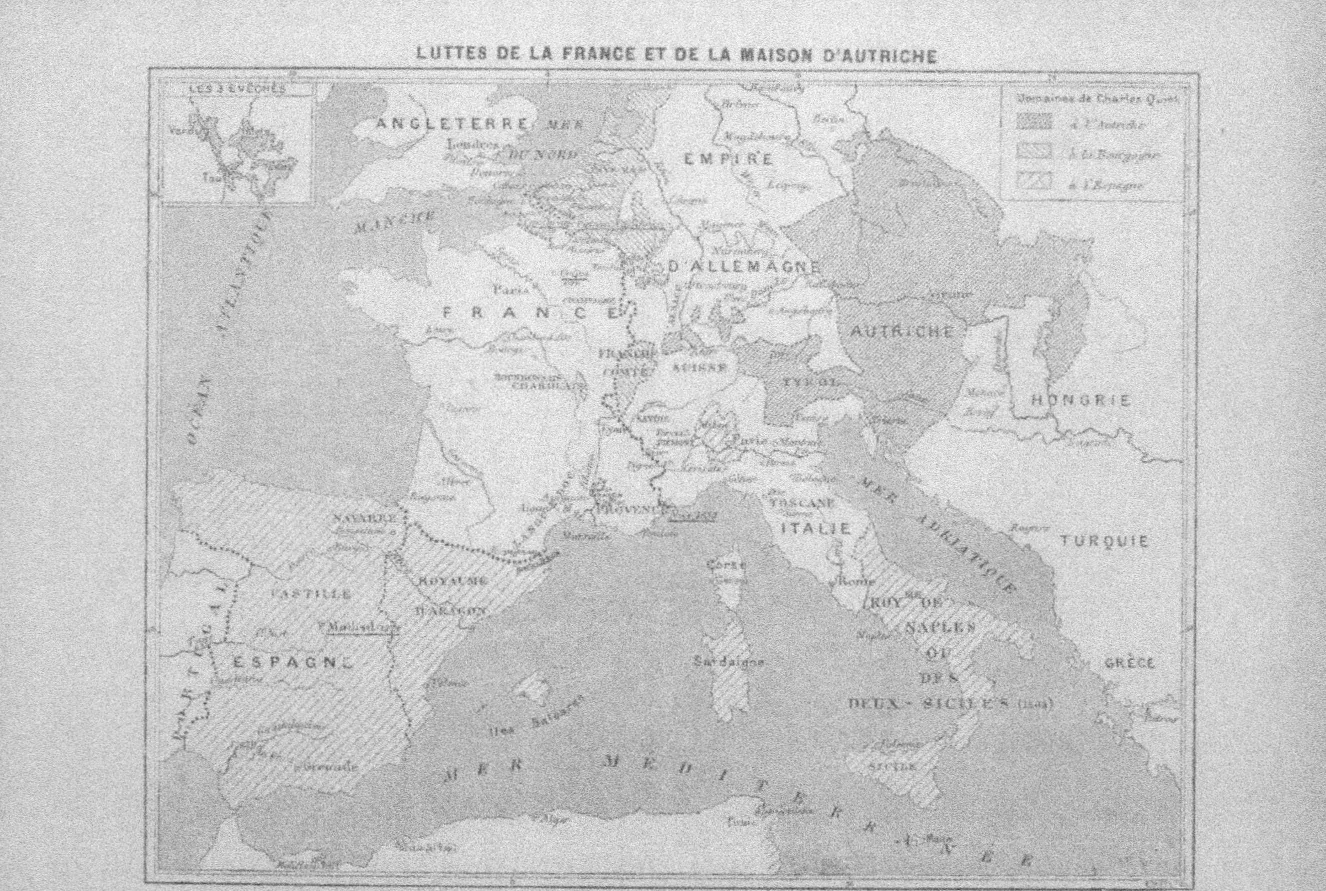

LES GUERRES DE RELIGION

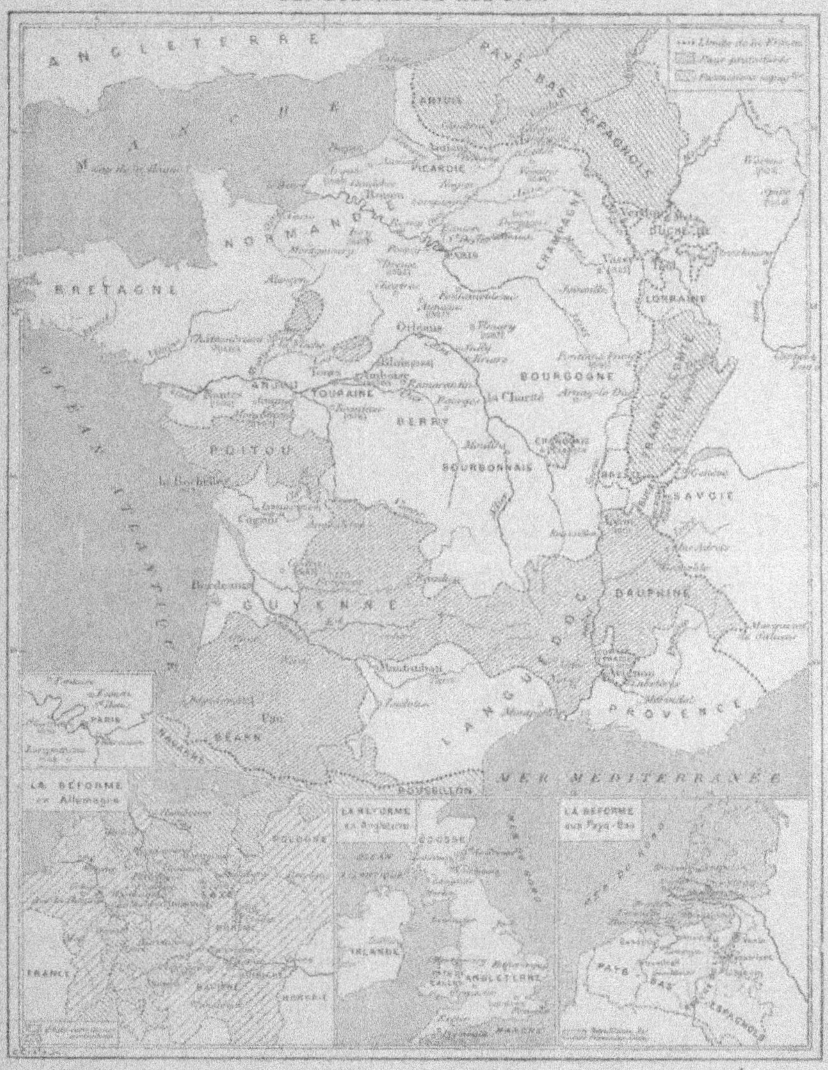

EUROPE VERS 1610

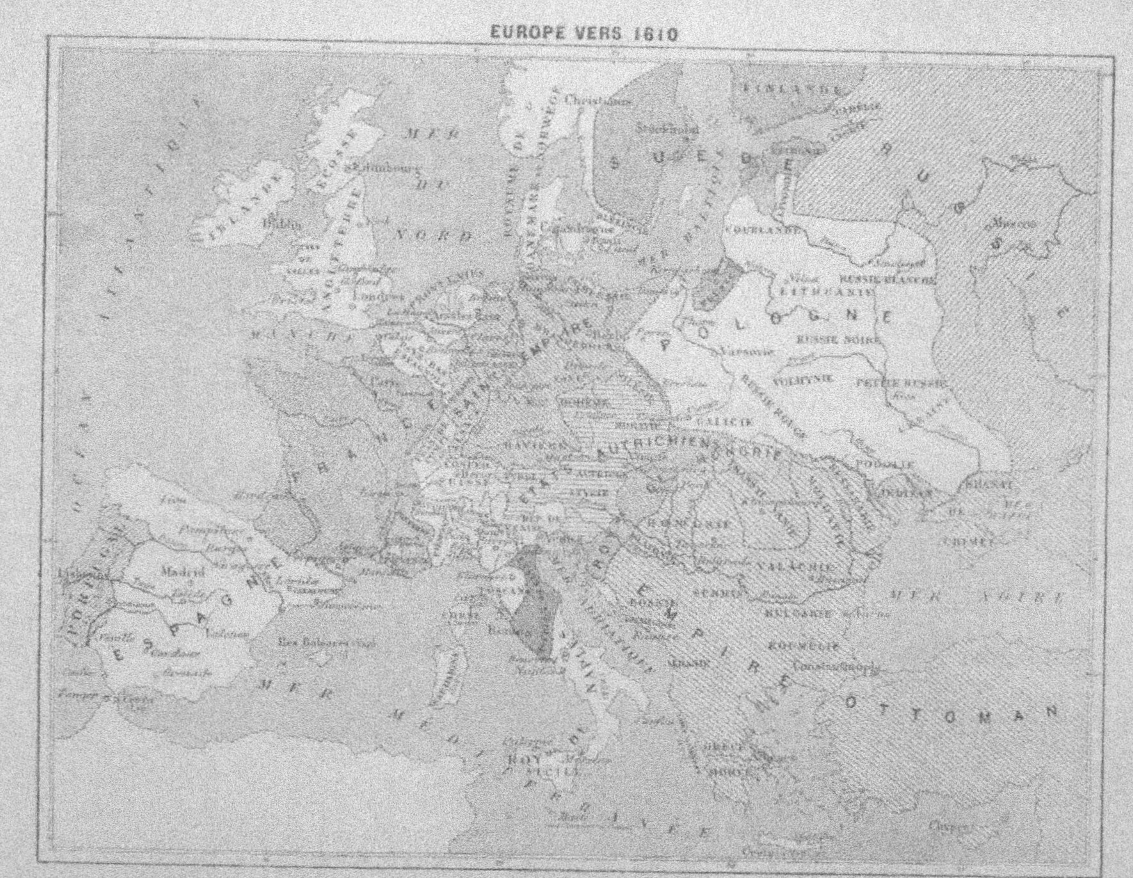

LA GUERRE DE TRENTE ANS

EUROPE VERS 1661

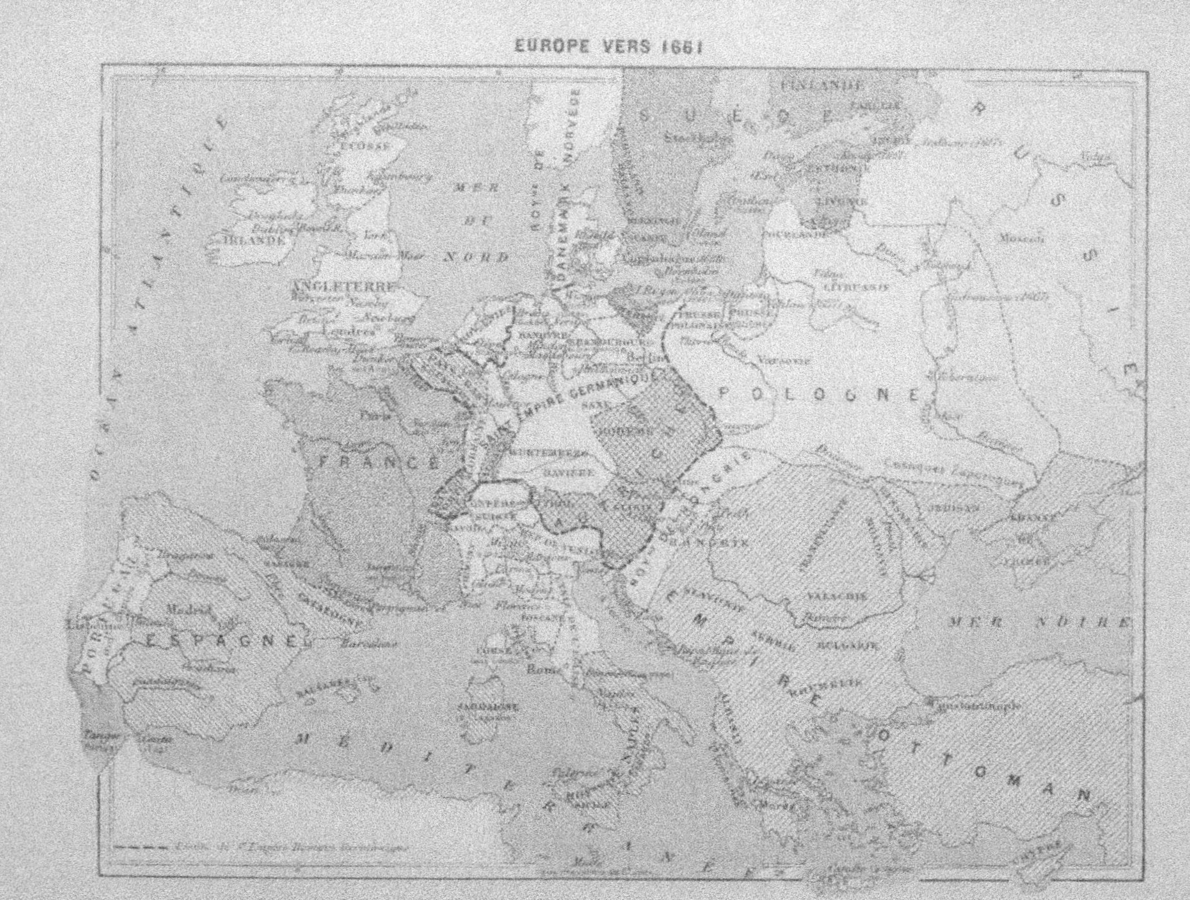

GUERRES DE LOUIS XIV

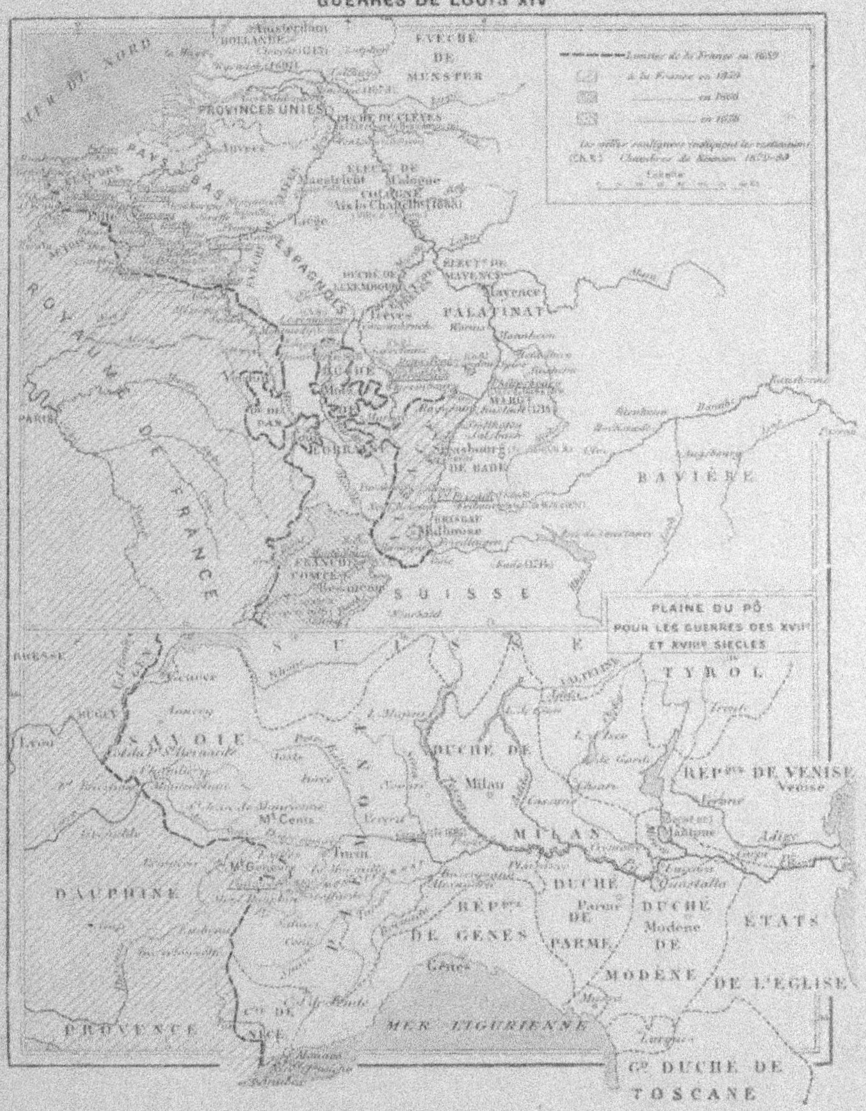

EUROPE VERS 1715

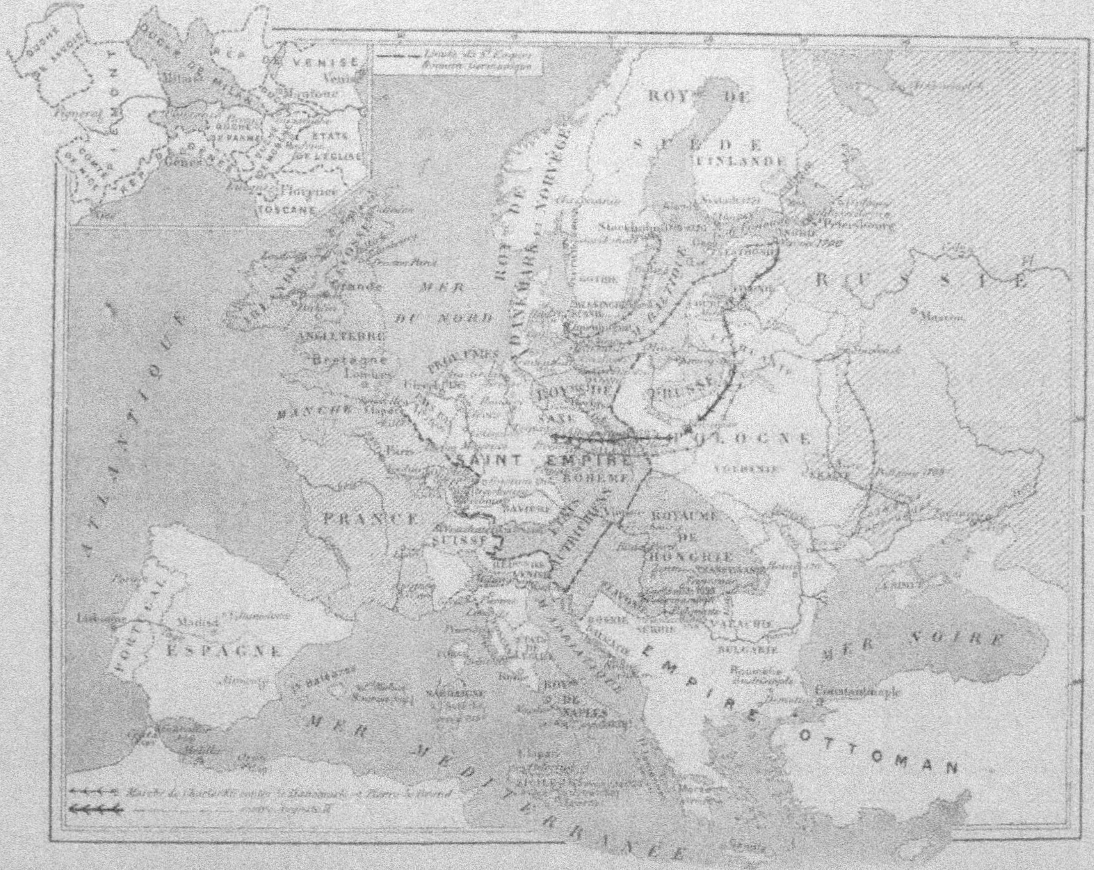

ROY^{me} DE SUÈDE
FINLANDE
ROY^{me} DE DANEMARK et NORVÈGE
RUSSIE
POLOGNE
PRUSSE
SAINT EMPIRE
BOHÊME
BAVIÈRE
SUISSE
ÉTATS AUTRICHIENS
ROYAUME DE HONGRIE
FRANCE
ESPAGNE
PORTUGAL
ANGLETERRE
IRLANDE
ÉCOSSE
PROVINCES UNIES
MER DU NORD
MANCHE
ATLANTIQUE
MER MÉDITERRANÉE
MER NOIRE
EMPIRE OTTOMAN
ROY^{me} DE NAPLES
SARDAIGNE
VALACHIE
BULGARIE
SERBIE
BOSNIE
DUCHÉ DE SAVOIE
PIÉMONT
DUCHÉ DE MILAN
RÉP. DE VENISE
DUCHÉ DE PARME
ÉTATS DE L'ÉGLISE
RÉP. DE GÊNES
COMTÉ DE NICE
TOSCANE

PRUSSE, AUTRICHE ET RUSSIE AU XVIIIe SIÈCLE

POLITIQUE EXTÉRIEURE AU XVIIIe SIÈCLE

GUERRES DE LOUIS XV

DANEMARK
Copenhague
POMÉRANIE
BRANDEBOURG
Berlin
ROYme DE PRUSSE
ROYme DE POLOGNE
BELGIQUE
Aix-la-Chapelle 1748
SAXE
SILÉSIE
BOHÊME
Prague
Paris
LORRAINE
ALSACE
BAVIÈRE
Munich
Vienne 1738
FRANCE
AUTRICHE

LES PARTAGES DE LA POLOGNE

1772 1793 1795
à la Russie
à la Prusse
à l'Autriche
LIVONIE
Riga
COURLANDE
RUSSIE BLANCHE
LITHUANIE
POMÉRANIE
ROYme DE PRUSSE
MAZOVIE
GRANDE POLOGNE
RUSSIE NOIRE
POLÉSIE
PETITE RUSSIE
SILÉSIE
PETITE POLOGNE
VOLHYNIE
MORAVIE
GALICIE
RUSSIE ROUGE
UKRAINE
ROYAUME DE HONGRIE
Pest
BESSARABIE
MOLDAVIE
COSAQUES
YEDISAN

RADJEPOUTES
ROYAUME DE SINDHIA
BENGALE
MAHRATTES
Bombay
ÉTATS DU NIZAM
MER D'OMAN
GOLFE DU BENGALE
MYSORE
Madras
CEYLAN
Conquêtes de Dupleix

CANADA
TERRITOIRES DE LA BAIE D'HUDSON
BAIE D'HUDSON
TERRE NEUVE
St Pierre et Miquelon
Québec
Montréal
L. SUPÉRIEUR
L. MICHIGAN
L. HURON
L. ÉRIÉ
ACADIE
Louisbourg
Boston
NOUVELLE ANGLETERRE
RHODE ISLAND
New-Amsterdam 1614
New-York 1664
Philadelphie
VIRGINIE
LOUISIANE
Mts ALLEGHANYS
FLORIDE
Possessions anglaises

LA FRANCE ADMINISTRATIVE AVANT 1789

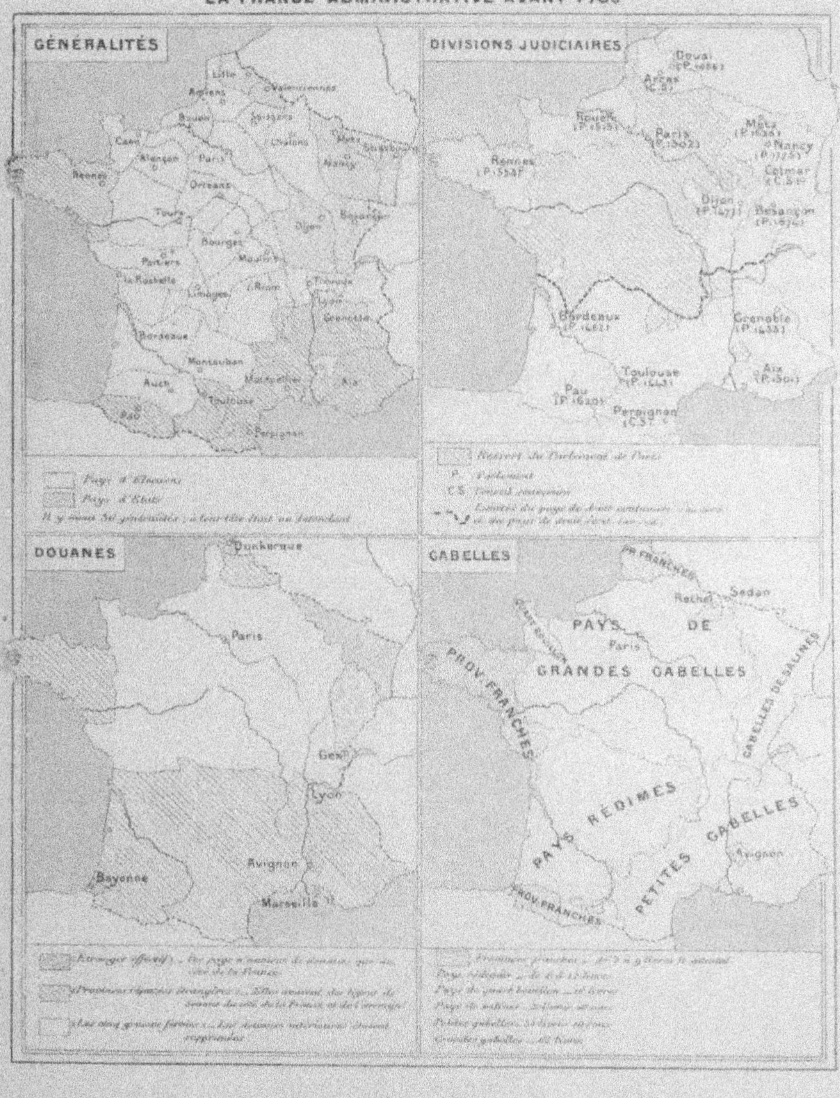

EUROPE EN 1789

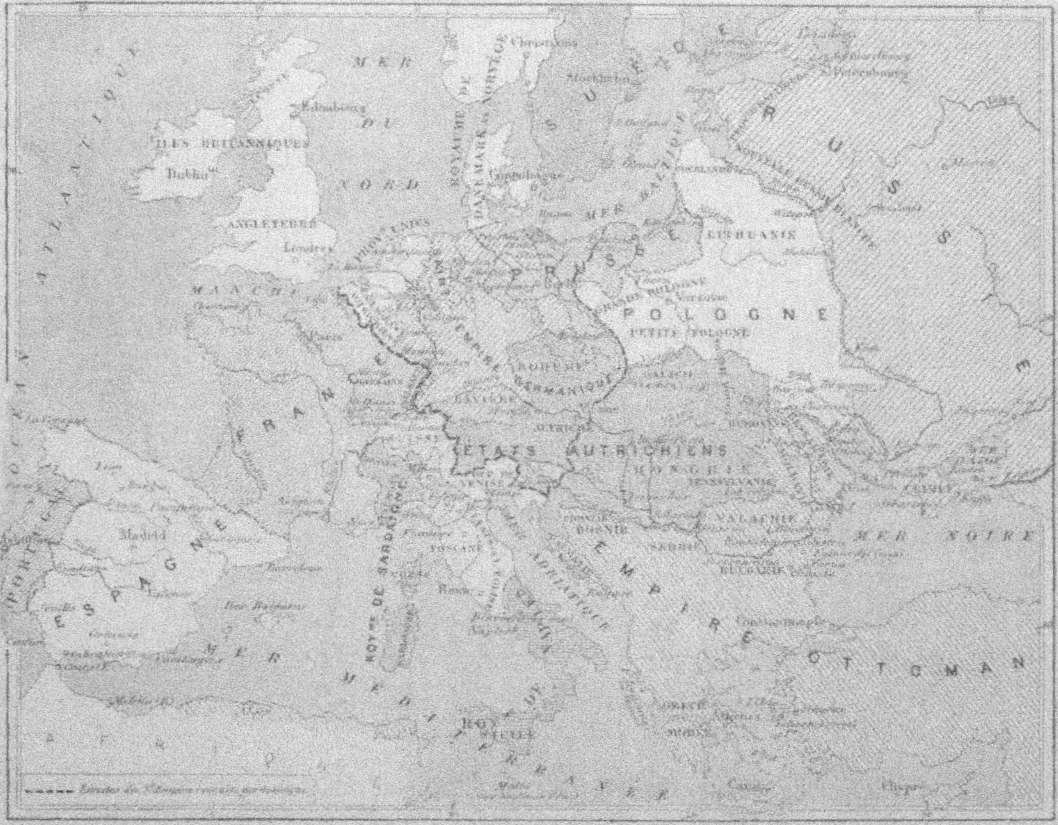

GUERRES SOUS LA REVOLUTION

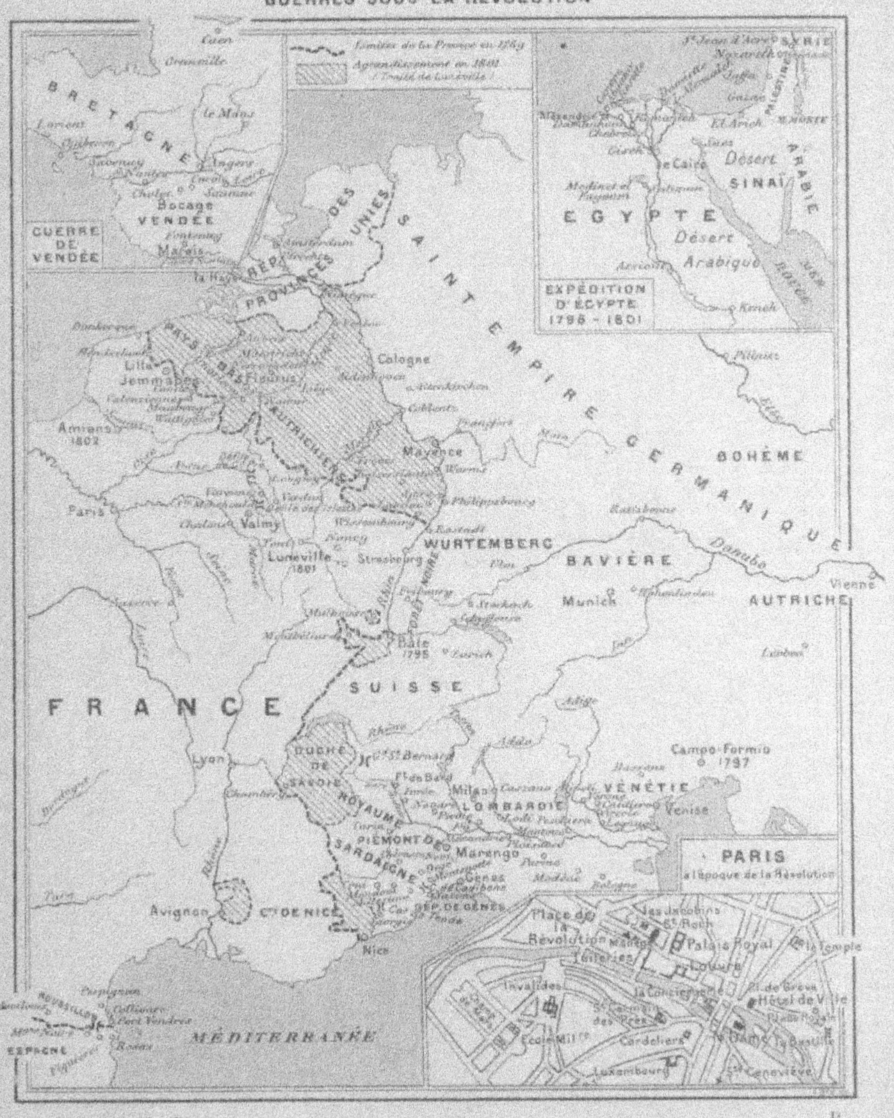

P

GUERRES SOUS LE Ier EMPIRE

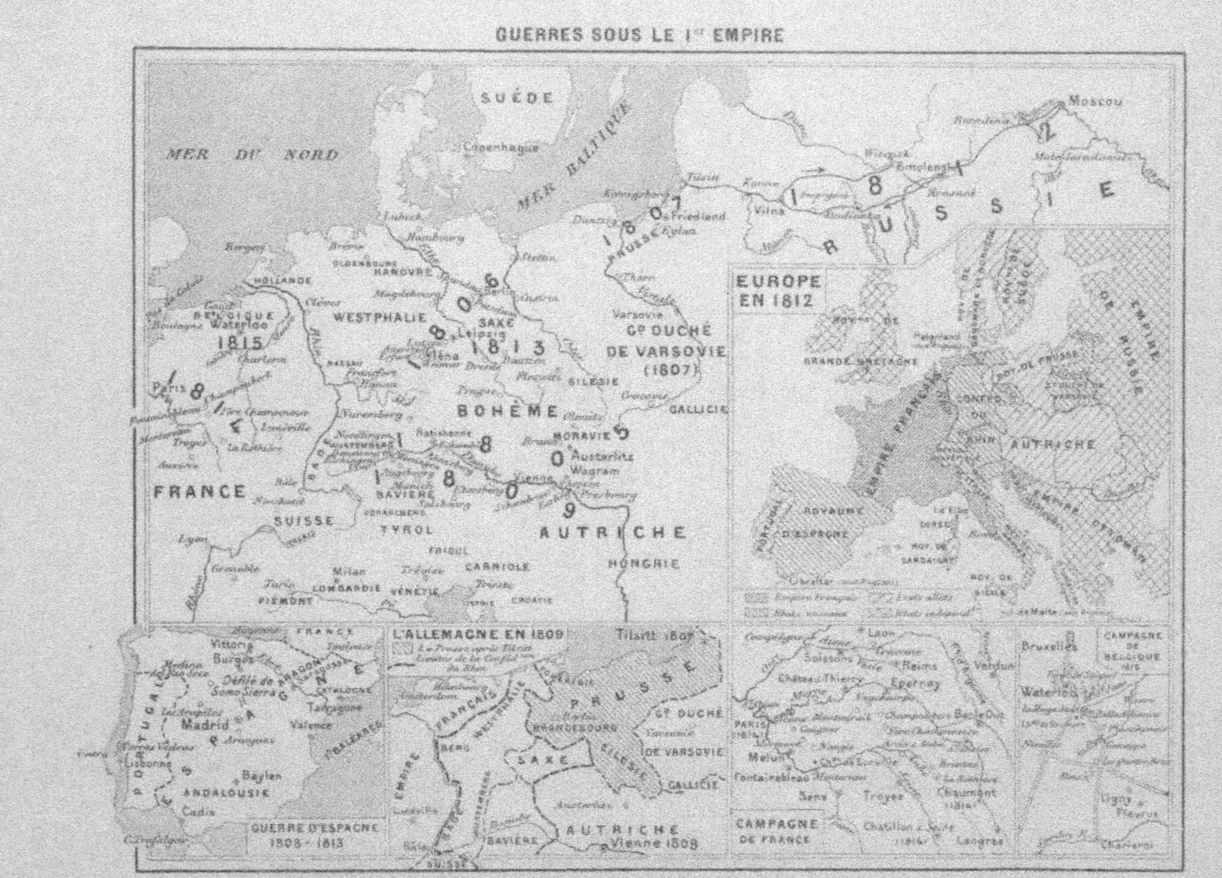

CAMPAGNES D'ALLEMAGNE ET DE FRANCE

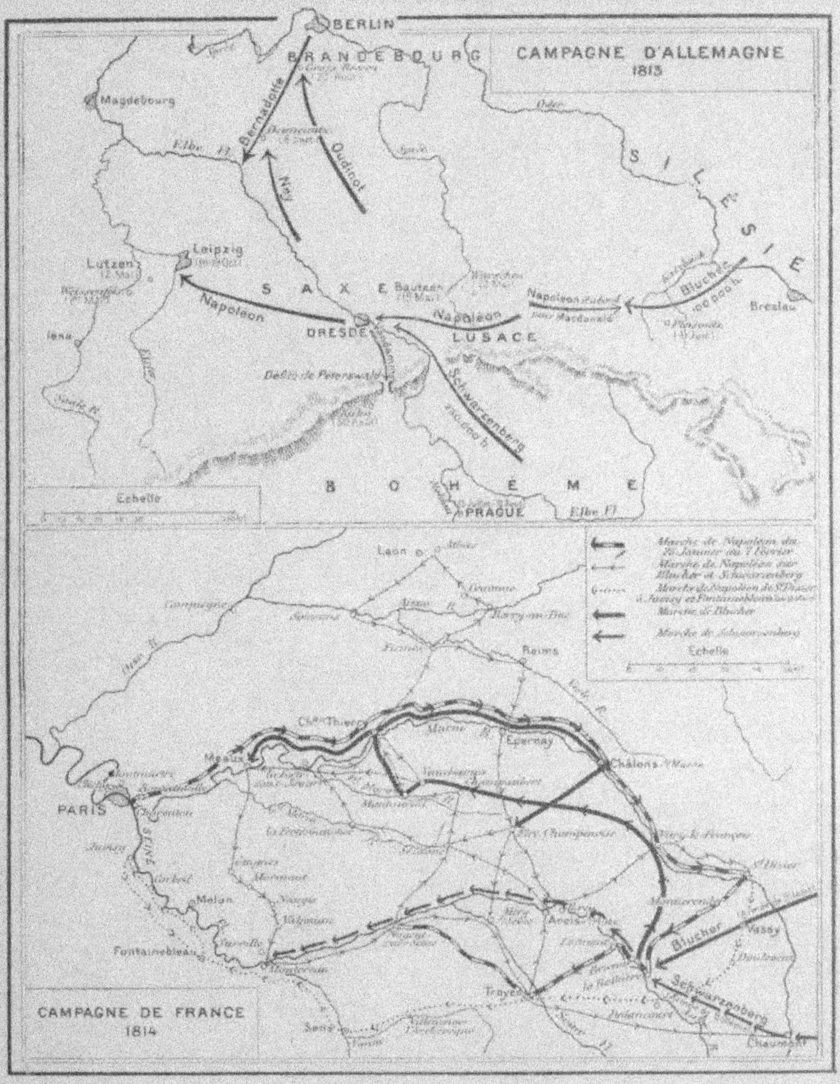

EUROPE EN 1815

GUERRES SOUS LA RÉVOLUTION (VALMY, GUERRE DE VENDÉE)

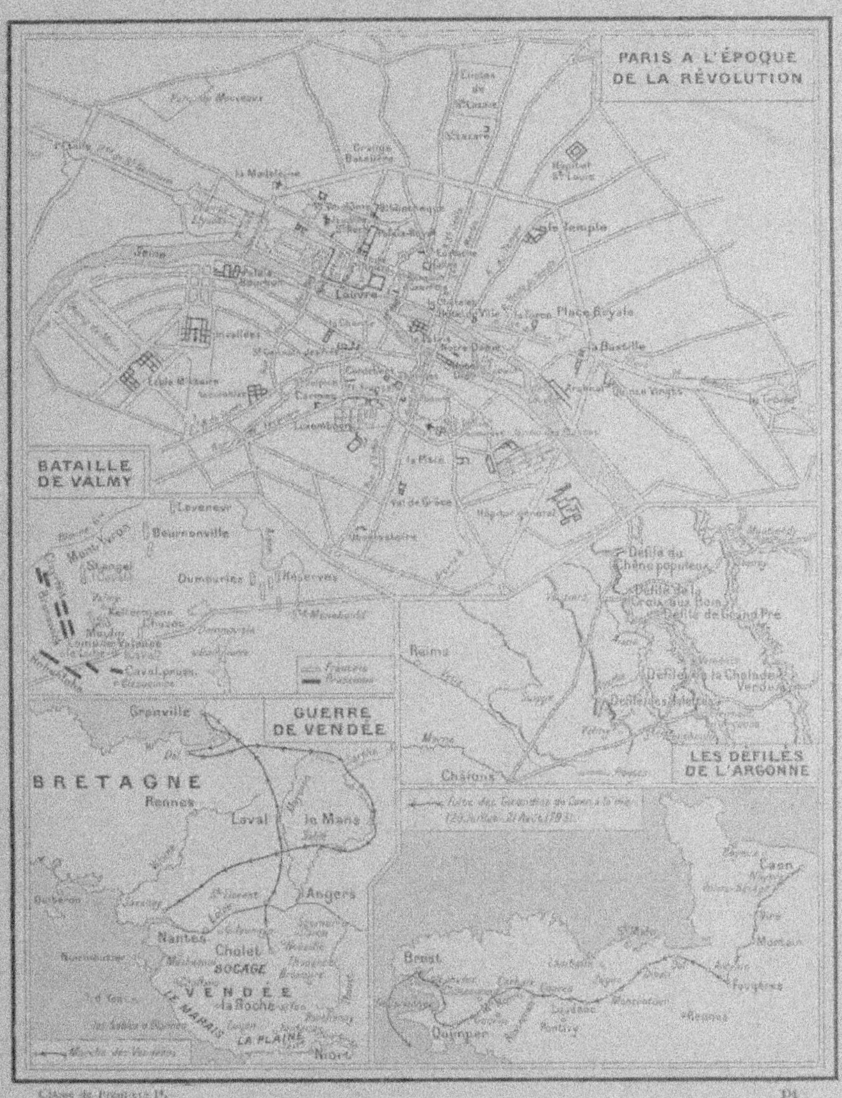

GUERRES SOUS LA RÉVOLUTION (1re COALITION)

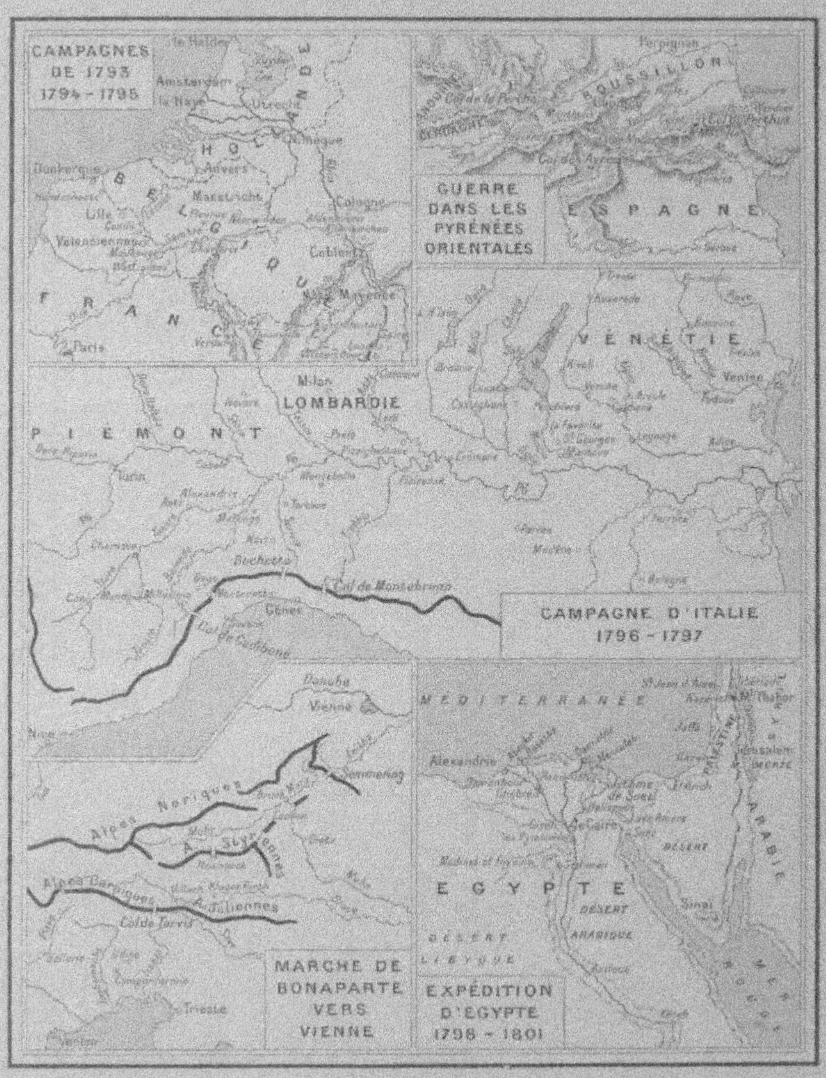

GUERRES SOUS LA RÉVOLUTION (2e COALITION)

GUERRES SOUS LE Iᴱᴿ EMPIRE

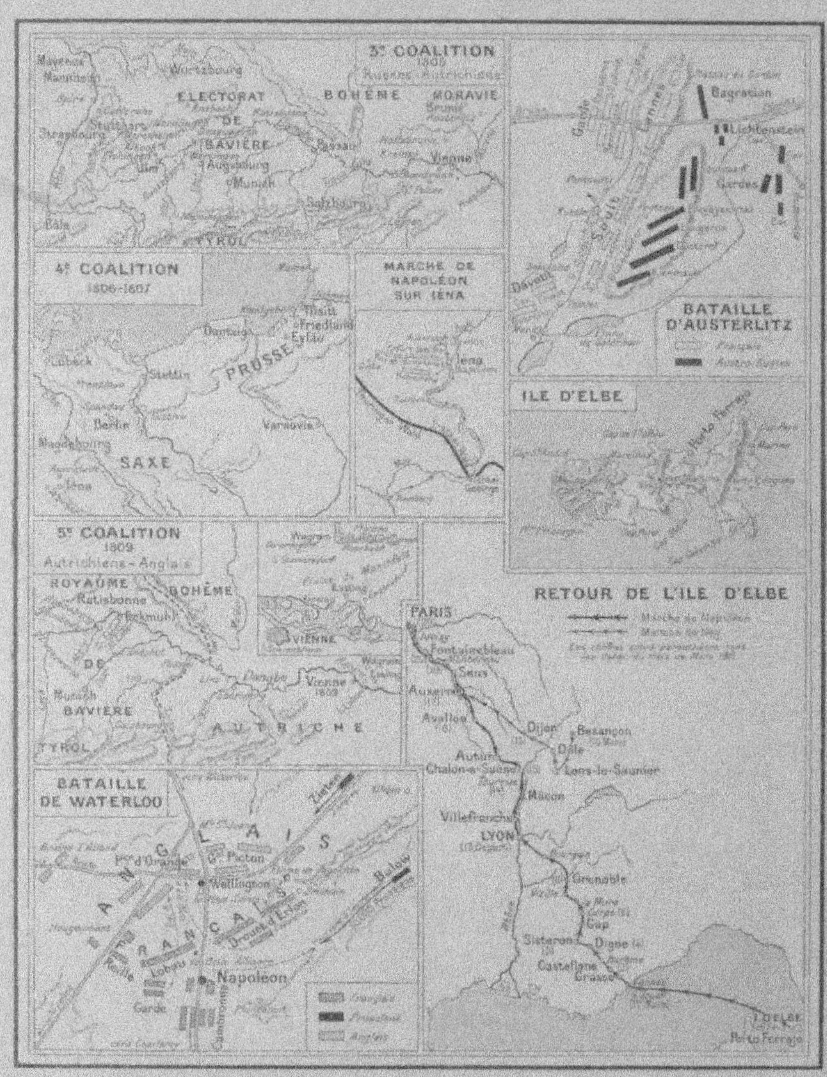

FORMATION DE L'UNITÉ ITALIENNE

FORMATION DE L'UNITÉ ALLEMANDE

GUERRES DU SECOND EMPIRE

Q.

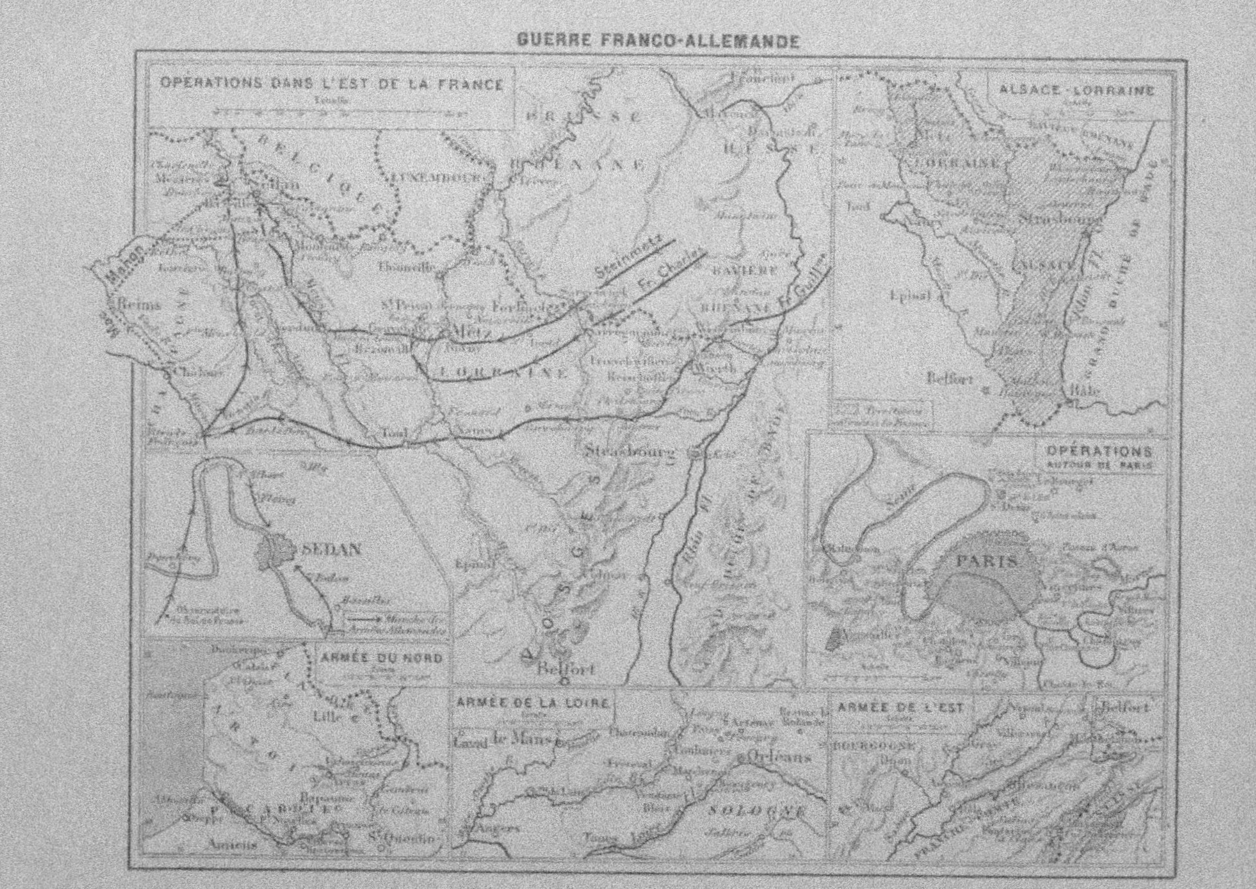
GUERRE FRANCO-ALLEMANDE
OPÉRATIONS DANS L'EST DE LA FRANCE
BELGIQUE
LUXEMBOURG
PRUSSE
RHÉNANE
HESSE
BAVIÈRE
Steinmetz
Fr. Charles
Fr. Guill^me
Reims
Metz
Thionville
Toul
LORRAINE
Strasbourg
Belfort
Epinal
SEDAN
ALSACE-LORRAINE
LORRAINE
ALSACE
Strasbourg
Epinal
Belfort
Bâle
OPÉRATIONS
AUTOUR DE PARIS
PARIS
ARMÉE DU NORD
Lille
Bapaume
Amiens
St Quentin
ARMÉE DE LA LOIRE
le Mans
Laval
Orléans
Angers
Tours
SOLOGNE
ARMÉE DE L'EST
Belfort
BOURGOGNE
Dijon

LA QUESTION D'ORIENT JUSQU'EN 1912

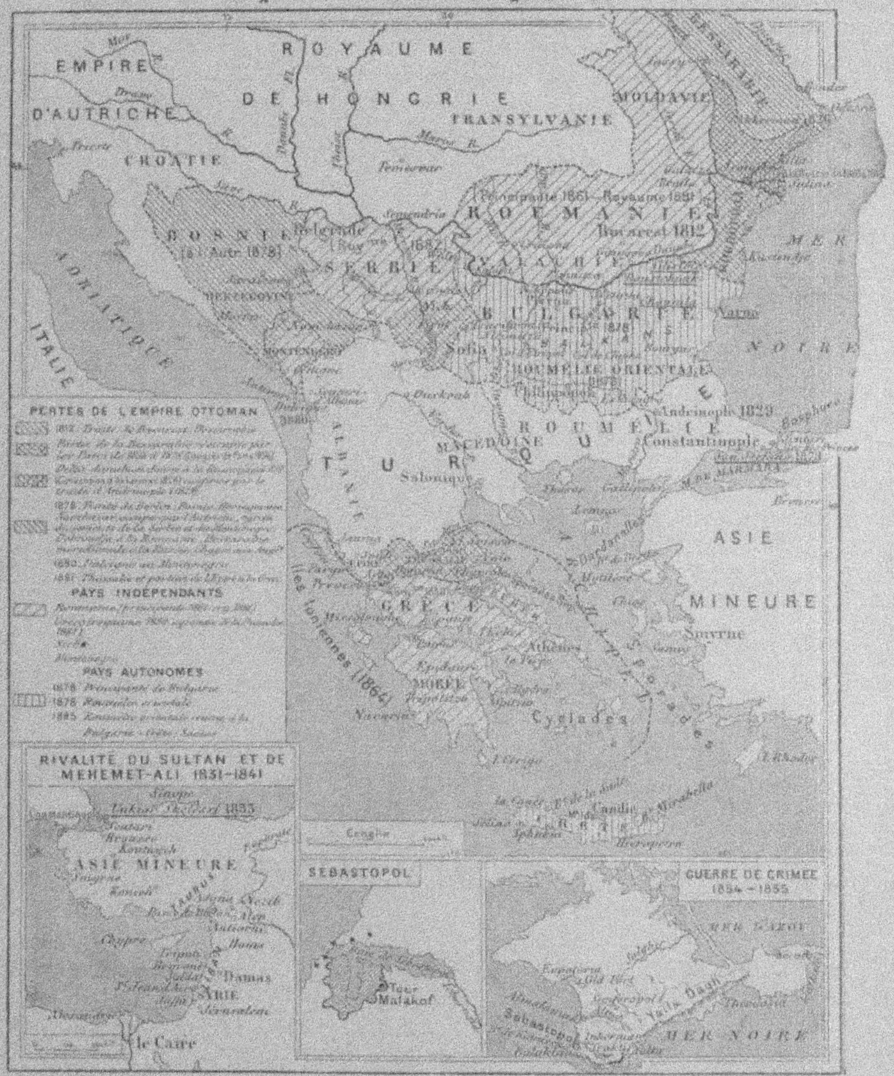

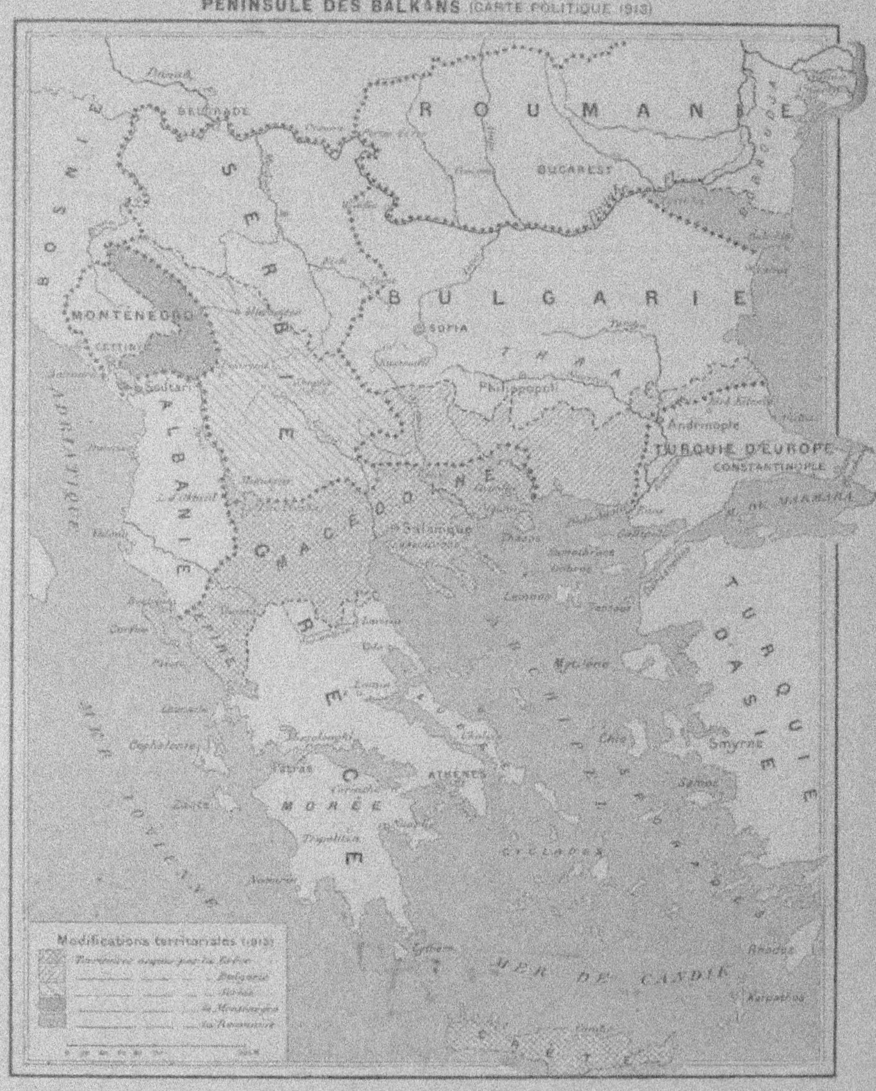

PÉNINSULE DES BALKANS (CARTE POLITIQUE 1913)

NATIONALITÉS EN EUROPE CENTRALE

Race germanique — Allemands

Race finnoise — Hongrois ou Magyars

Race slave — Tchèques, Ruthènes, Croates, Polonais, Slovènes, Serbes, Dalmates

Race latine — Roumains, Italiens

CISLEITHANS

TRANSLEITHANS

PAYS SLAVES

Allemands

Tchèques

BOHÊME

MORAVIE

Slovaques

Polonais

POLOGNE

Ruthènes

GALICIE ORIENTALE

Juifs

BUKOVINE

SAXE

BAVIÈRE

SUISSE

TYROL

Italiens

STYRIE

CARINTHIE

Slovènes

CARNIOLE

CROATIE

Croates

SLAVONIE

ISTRIE

HONGRIE

Magyars

BUDA PEST

TRANSYLVANIE

Roumains

ROUMANIE

Bosniaques

BOSNIE

Serbes

SERBIE

HERZÉGOVINE

Dalmates

DALMATIE

MONTÉNÉGRO

ALBANIE

BULGARIE

CONQUÊTE DU MAGHREB

TANGER
FEZ
ALGER
TUNIS
TUNISIE
1881
BEYLICAT DE CONSTANTINE
BEYLICAT D'ORAN
MAROC
MARRAKECH
1912
ALGÉRIE
SAHARA
LES OASIS
TIDIKELT
TOUAT
de 1830 à 1848
de 1848 à 1870
depuis 1870
Echelle
Les premiers établissements français sont soulignés.

FRANCE

SITUATION DE LA FRANCE DANS LE MONDE

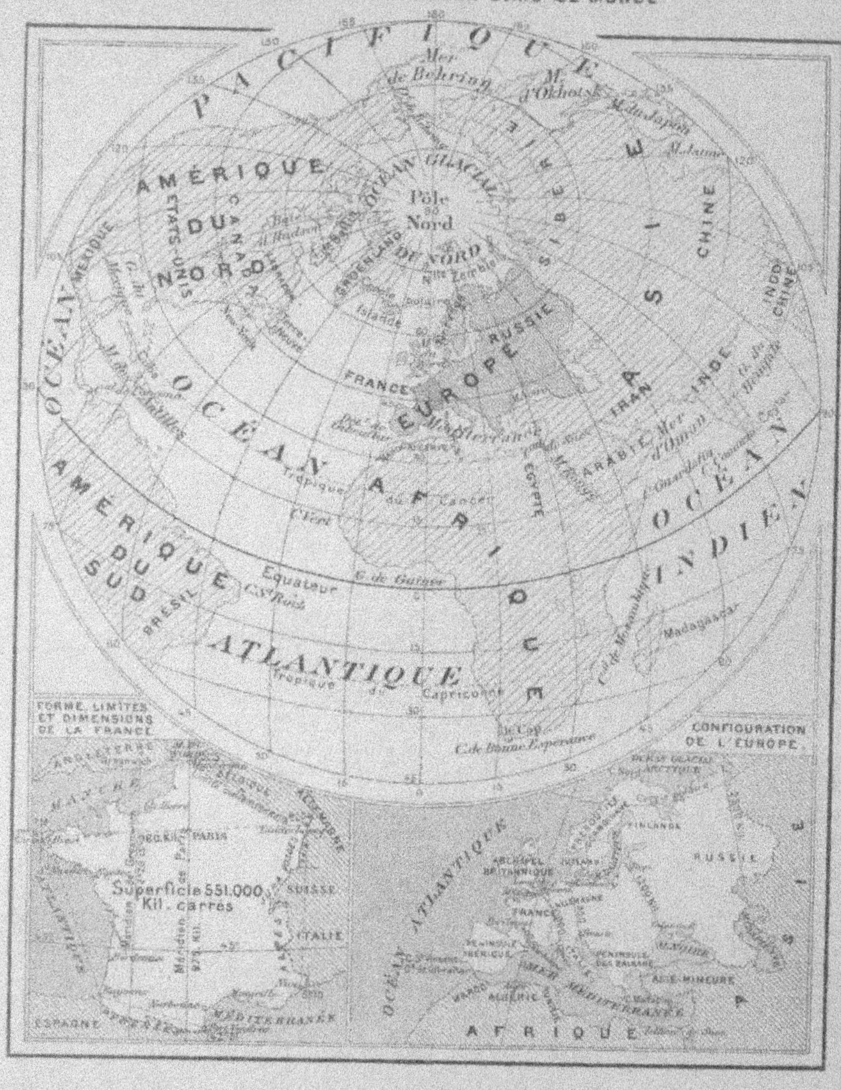

FORMATION GÉOLOGIQUE

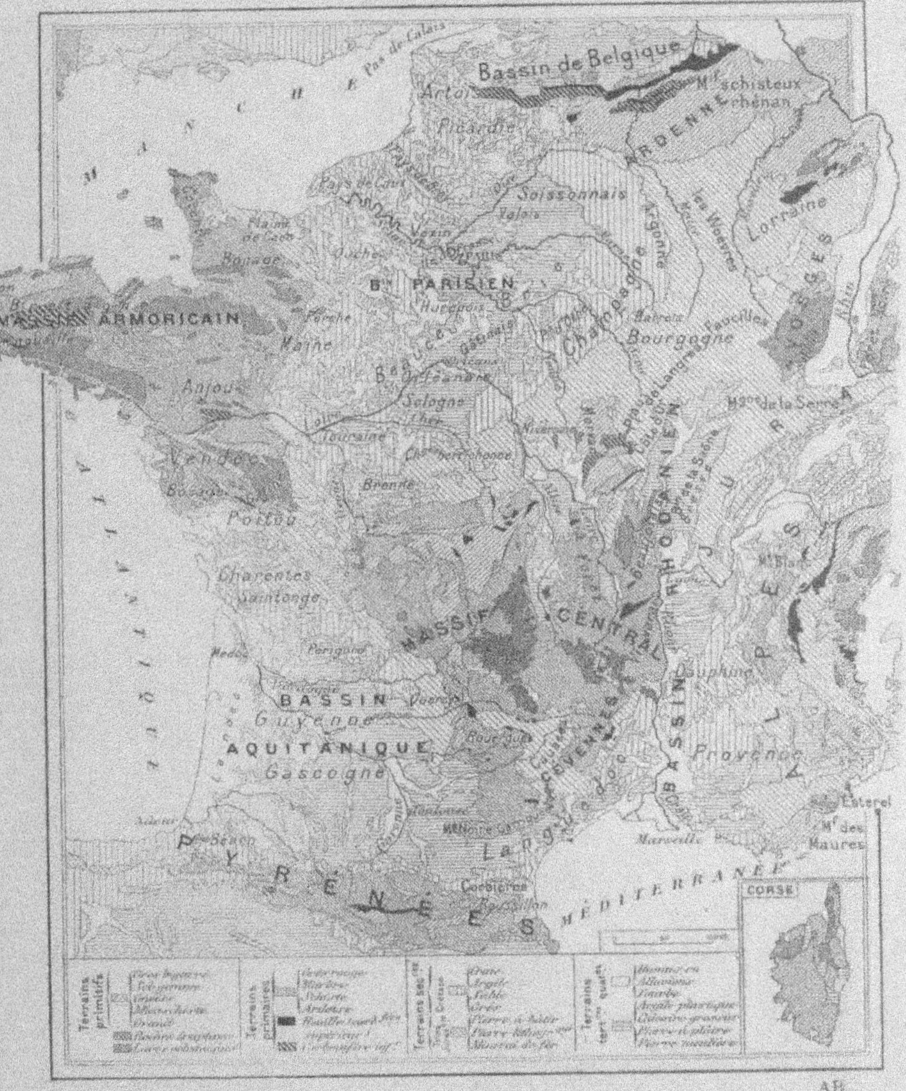

AB.

FRANCE PHYSIQUE

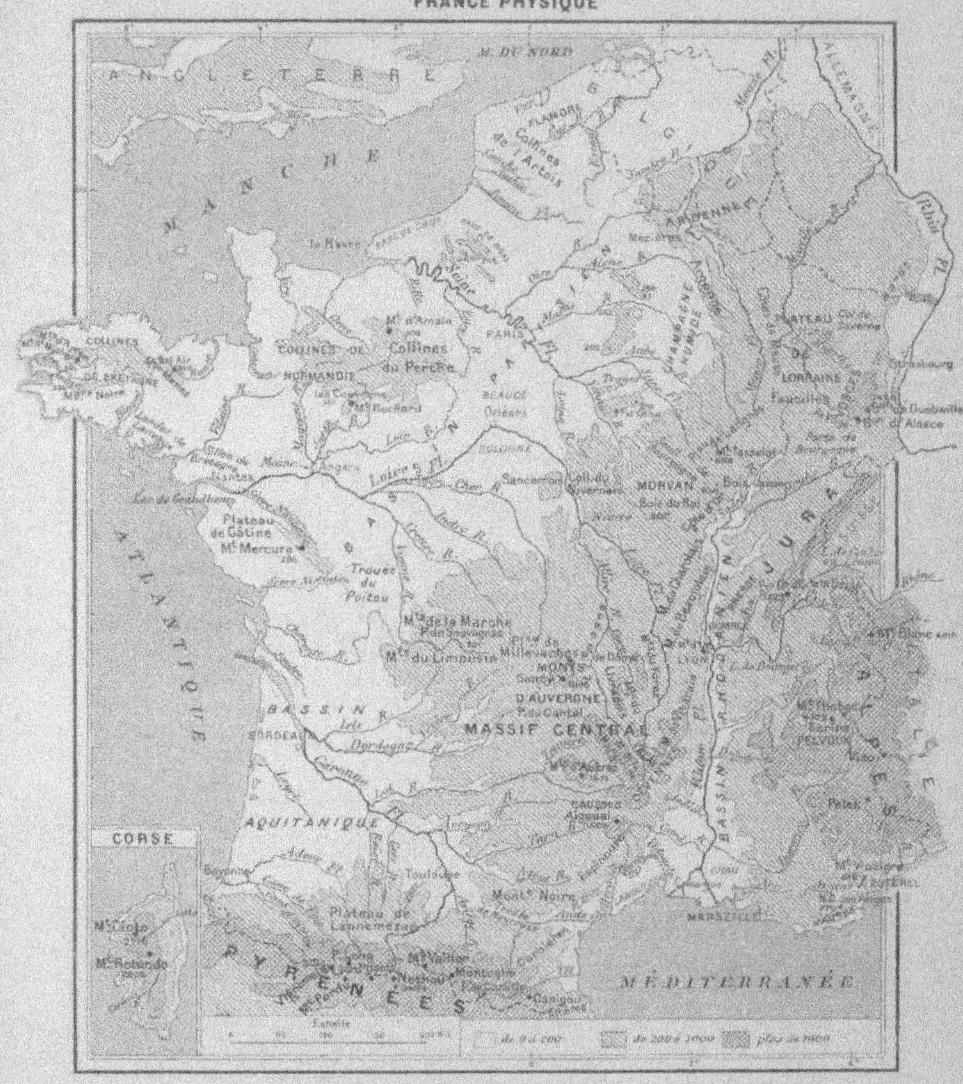

LE CLIMAT

ISOTHERMES MOYENNES DE JANVIER
ISOTHERMES MOYENNES DE JUILLET
RÉGIONS CLIMATÉRIQUES ET PLUIES
d'après Mr Angot
MANCHE
ATLANTIQUE
MÉDITERRANÉE
CLIMAT ARMORICAIN
CLIMAT SÉQUANIEN
CLIMAT VOSGIEN
CLIMAT RHODANIEN
CLIMAT DU MASSIF CENTRAL
CLIMAT GIRONDIN
CLIMAT MÉDITERRANÉEN
Cherbourg
Brest
Rennes
Nantes
Rouen
PARIS
Nancy
Strasbourg
Dijon
Rochefort
Clermont
Lyon
Grenoble
Bordeaux
Bayonne
Marseille
Nice
Perpignan

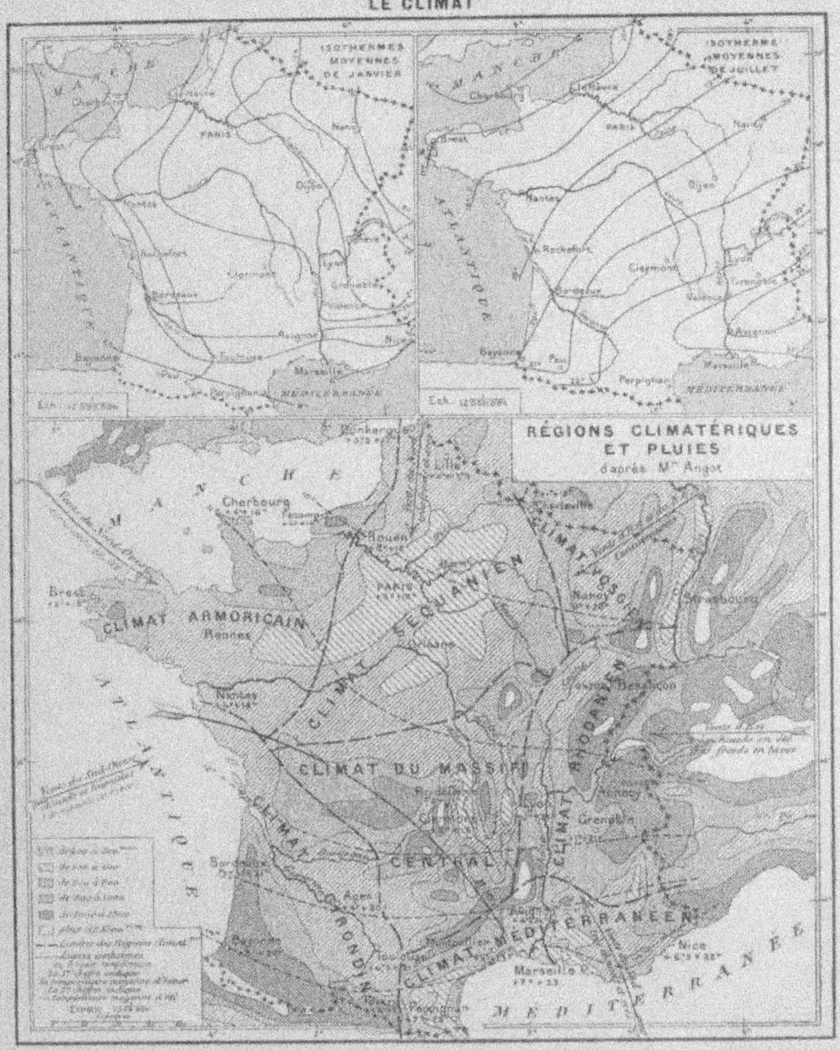

AB.

COTE DE LA MER DU NORD ET DE LA MANCHE

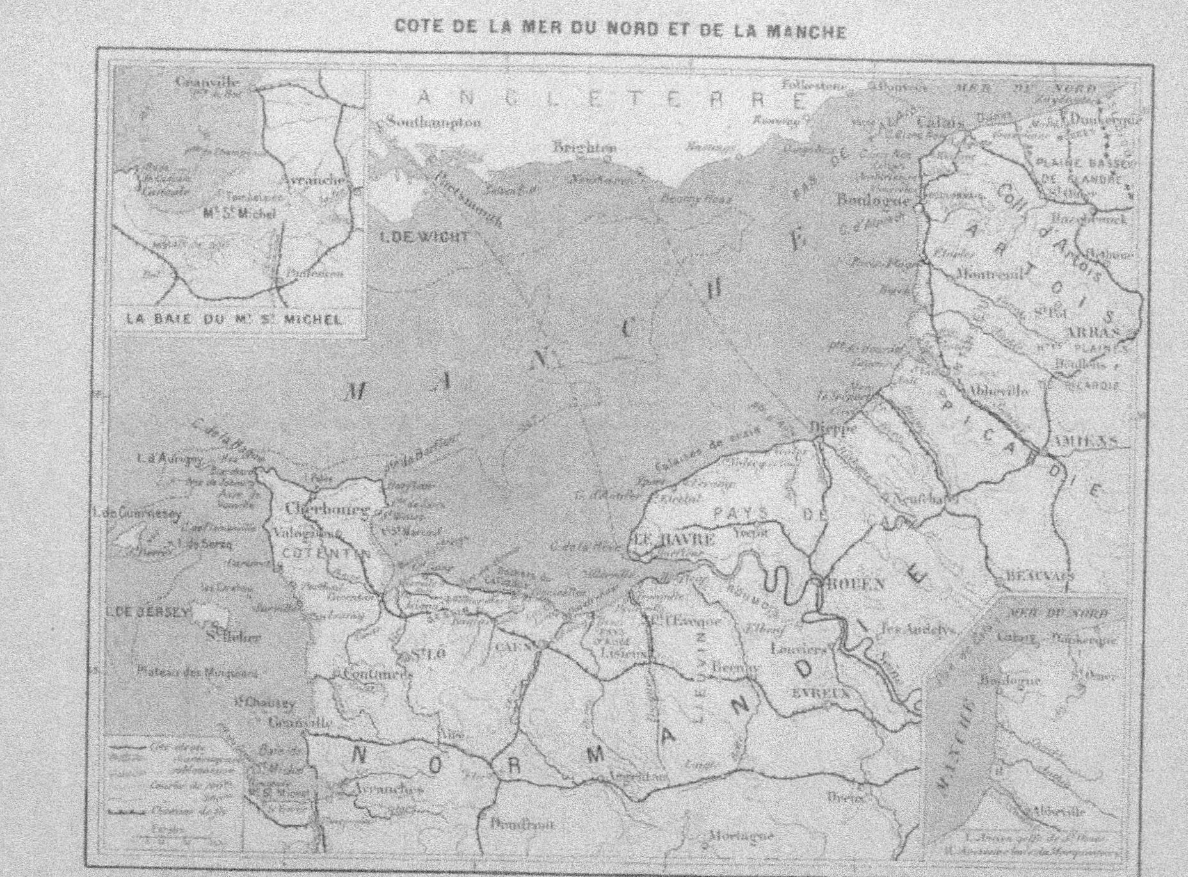

COTE DE BRETAGNE

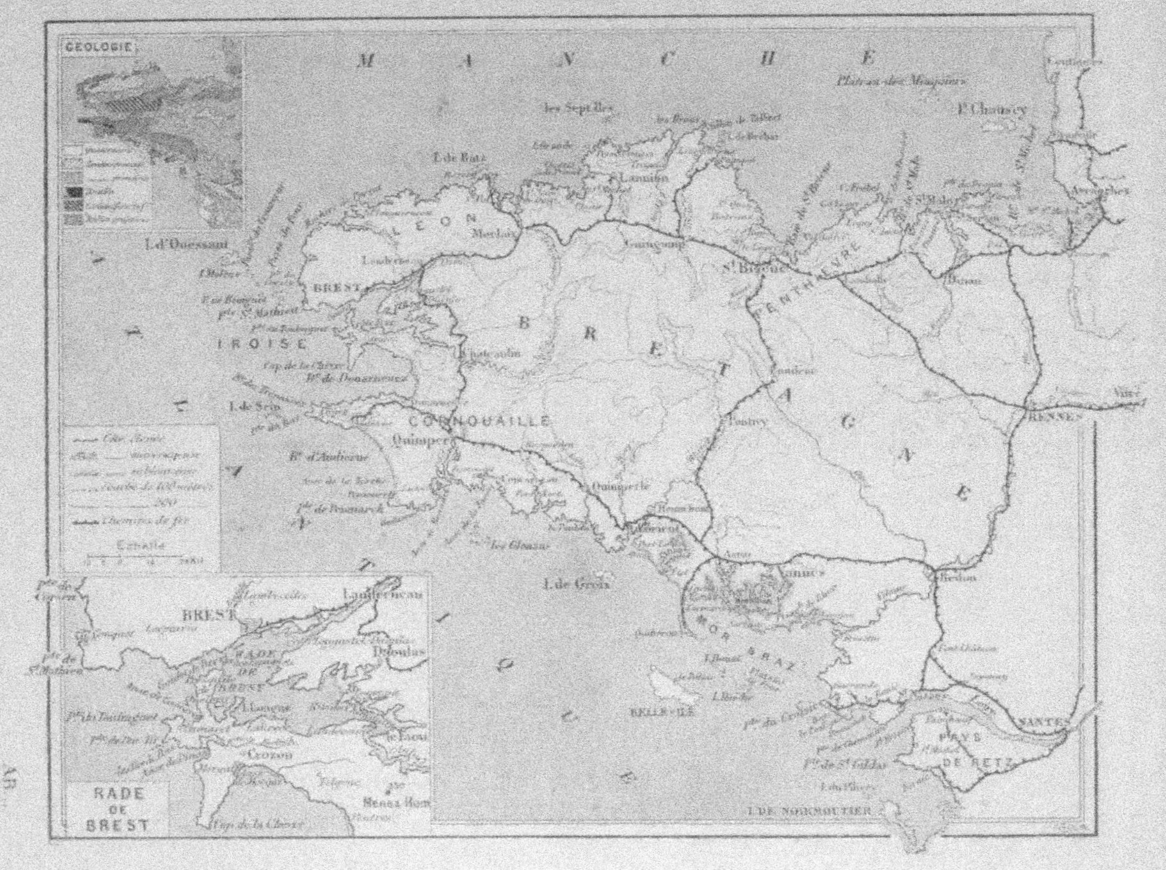

AB...

COTE DE L'ATLANTIQUE

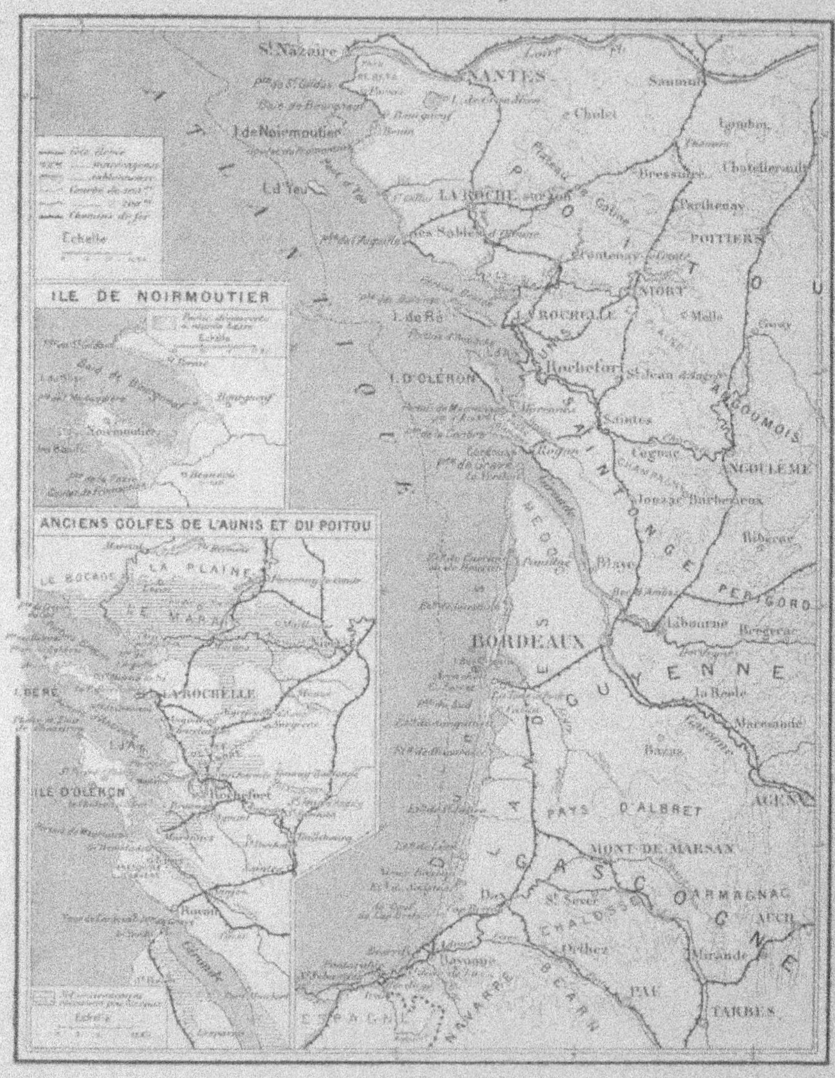

COTE DE LA MÉDITERRANÉE

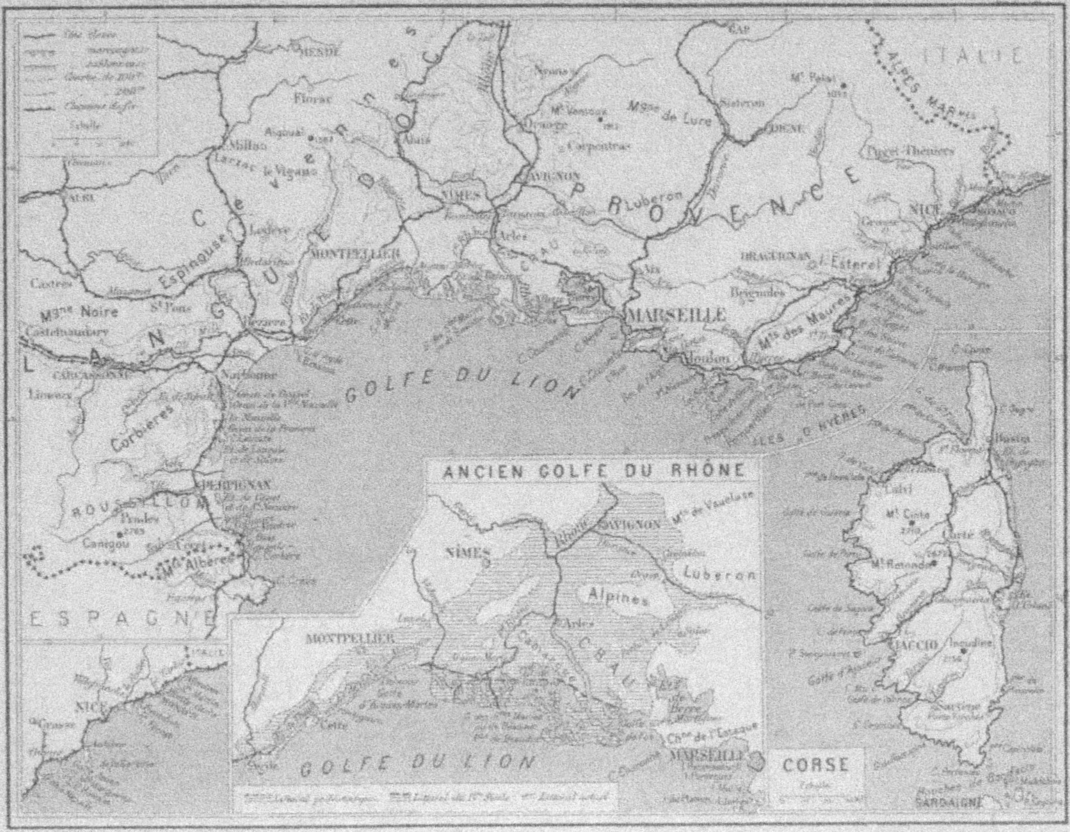

ITALIE
ALPES MARmes
LANGUEDOC
CEVENNES
PROVENCE
MARSEILLE
GOLFE DU LION
ILES D'HYÈRES
ESPAGNE
ROUSSILLON
Corbières
Mgne Noire
Mgne de Lure
Mts des Maures
l'Estérel
Luberon
MONTPELLIER
NÎMES
AVIGNON
PERPIGNAN
NICE

ANCIEN GOLFE DU RHÔNE
Alpines
CRAU
GOLFE DU LION

CORSE
SARDAIGNE

LA POPULATION

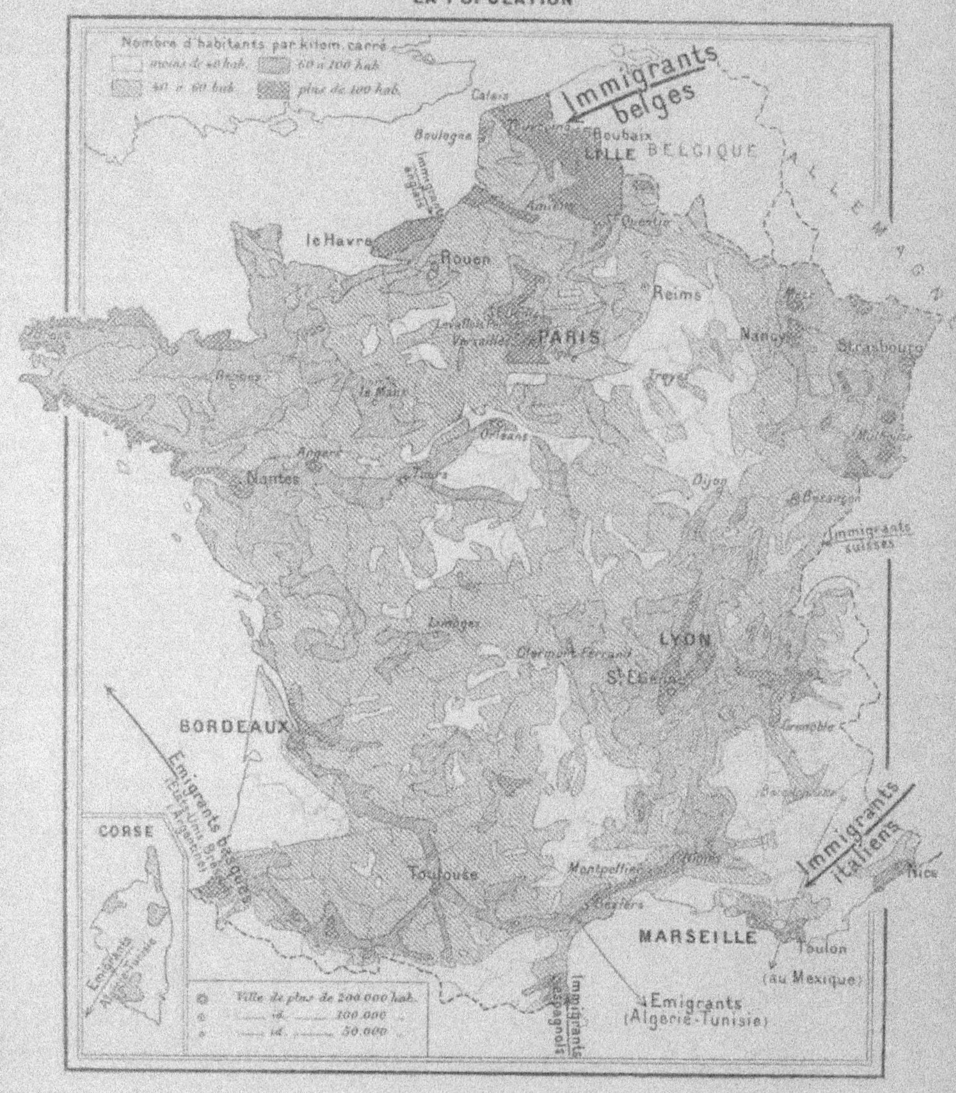

LES DÉPARTEMENTS

LA PLAINE DU NORD

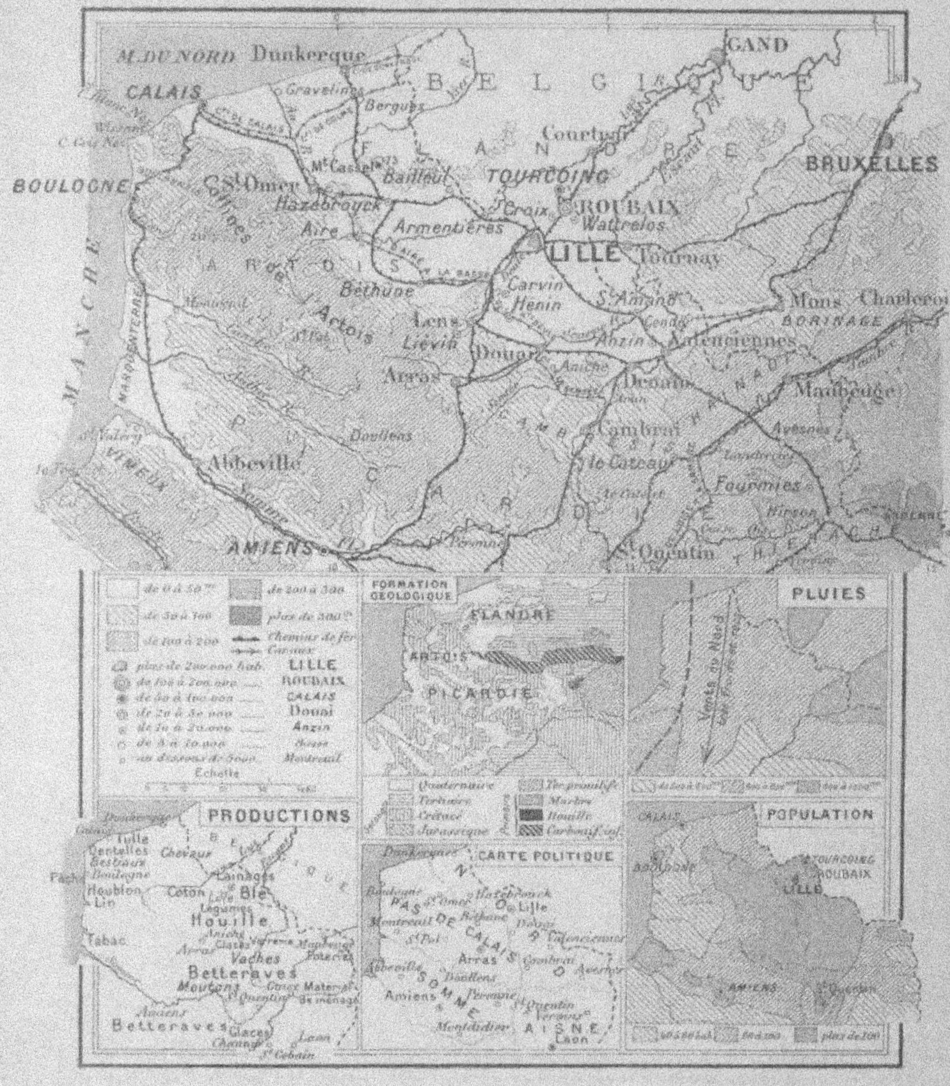

LE MASSIF ARMORICAIN
DENSITÉ DE LA POPULATION
FORMATION GÉOLOGIQUE
C. de la Hague
Cherbourg
Valognes
Guernesey
St Pierre
Iles Normandes
(Angl.)
Jersey
St Hélier
Coutances
Granville
Caen
Morlaix
BREST
Guingamp
St Malo
Cancale
St Brieuc
St Servan
Dinan
Fougères
Mayenne
Alençon
Coëvrons
Bel Air
Loudéac
Quimper
Mts Noire
RENNES
Vitré
Laval
Lorient
Vannes
Chateaubriant
ANGERS
Loire Fl.
St Nazaire
Paimbœuf
Ancenis
NANTES
Chantenay
Cholet
Noirmoutier
BOCAGE
Yeu
la Roche s/ Yon
Les Sables d'Olonne
Parthenay
Fontenay le Comte
Bressuire
CARTE POLITIQUE
PRODUCTIONS
PLUIES
CLIMAT ARMORICAIN
I. de Ré
I. d'Oléron
de 0 à 100m
de 100 à 200
de 200 à 300
plus de 300m

LA RÉGION DU NORD-EST (CARTE PHYSIQUE)

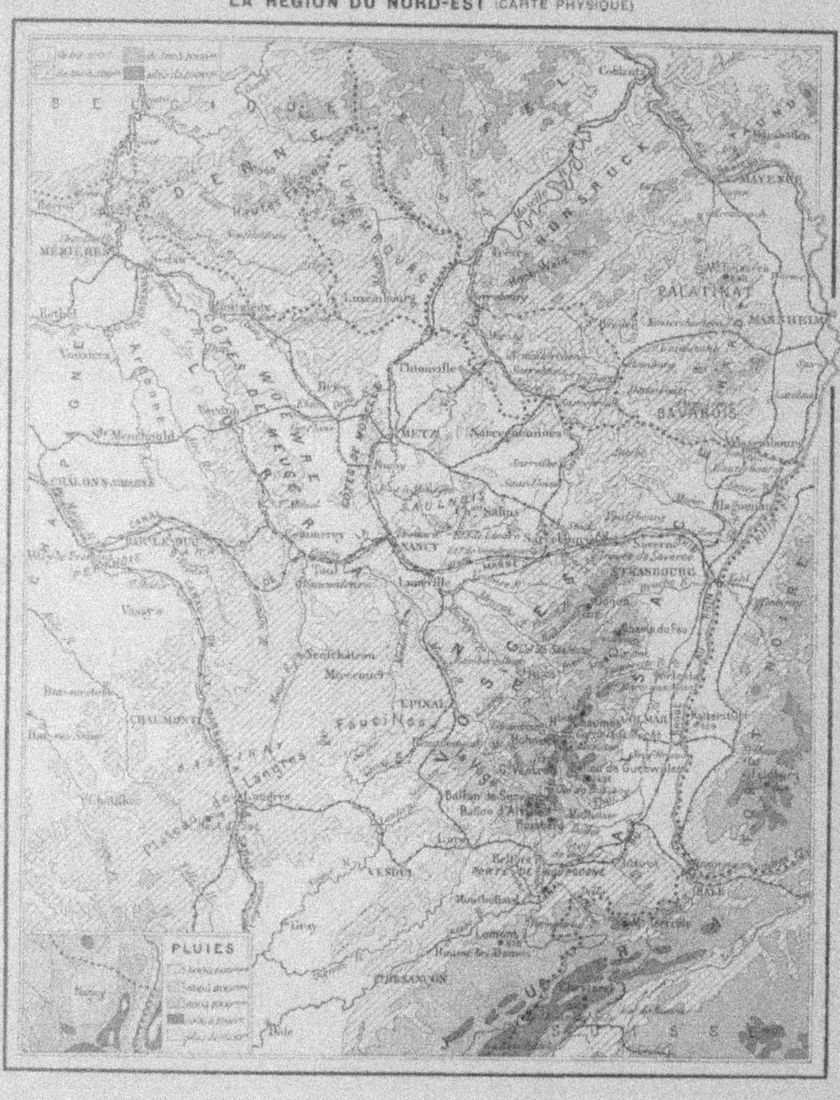

LA RÉGION DU NORD-EST (CARTE POLITIQUE ET ÉCONOMIQUE)

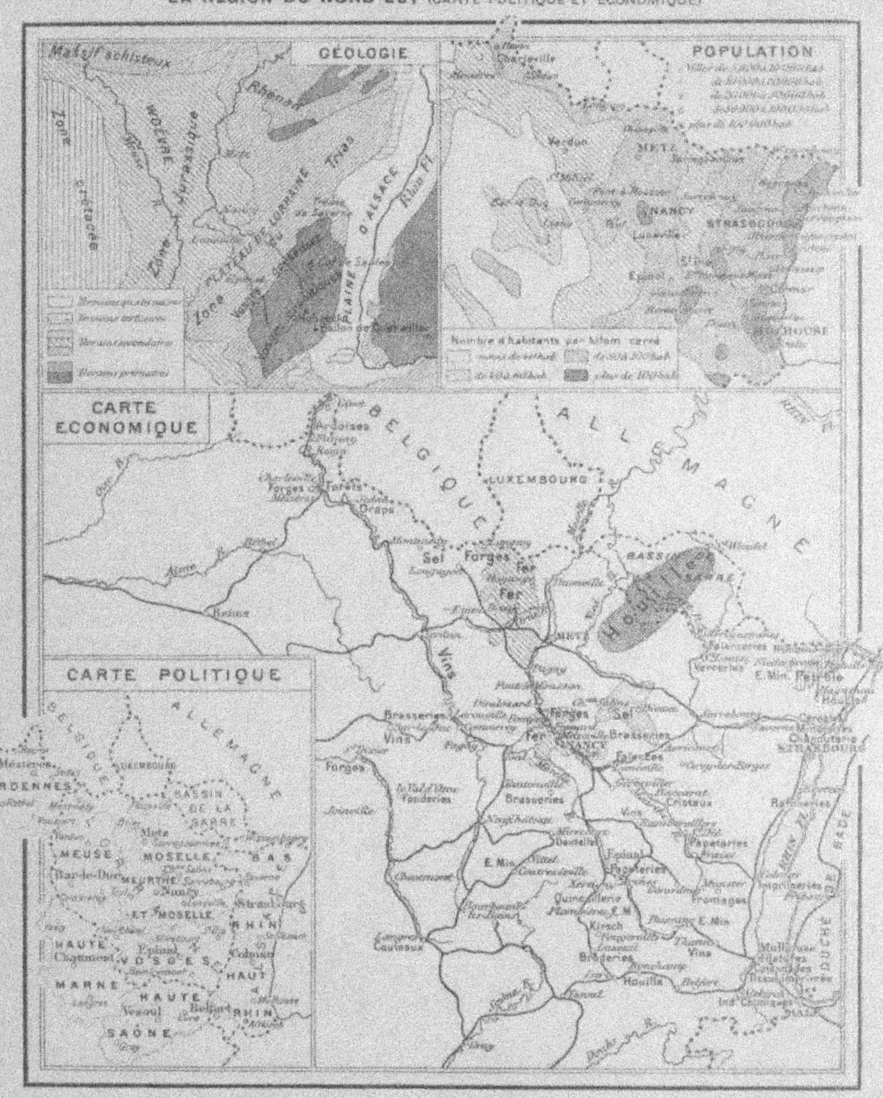

LE BASSIN PARISIEN (CARTE PHYSIQUE)

LE BASSIN PARISIEN (CARTE POLITIQUE ET ÉCONOMIQUE)

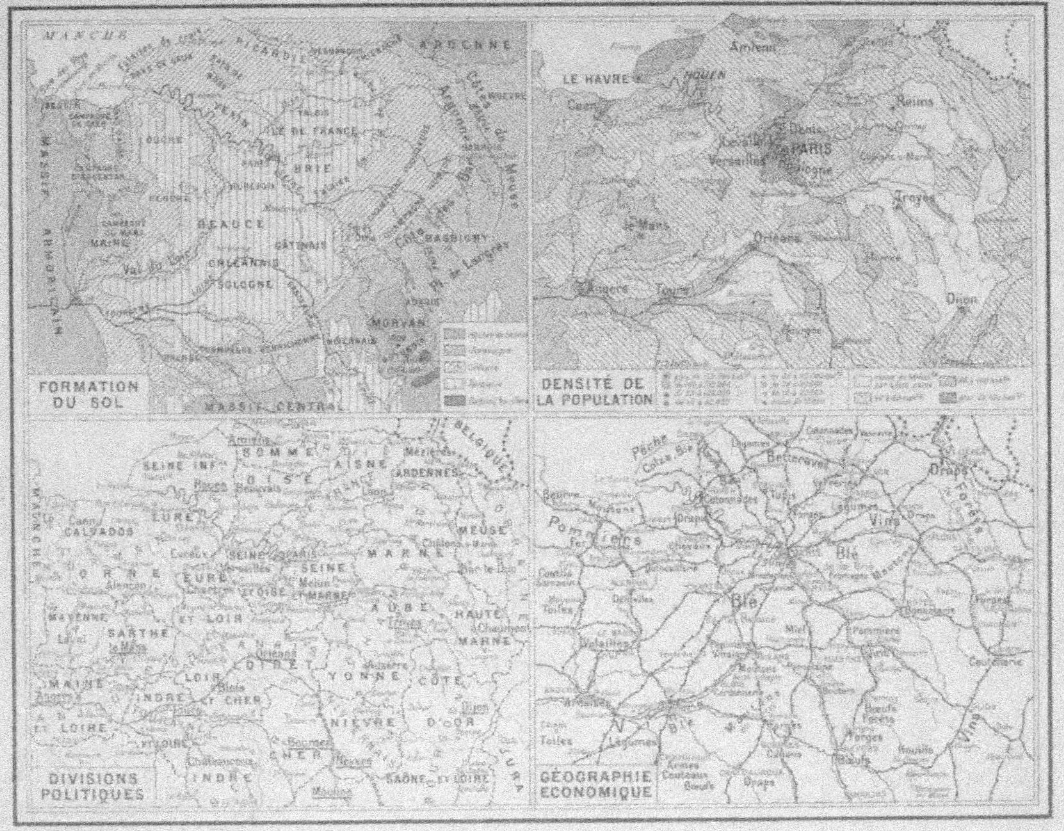

France XXXXX
Classe de Première V
E. P. S. — 3e année (S. E) III
E. S. dipl. F. Tome II. — II.

LE MASSIF CENTRAL (CARTE PHYSIQUE)

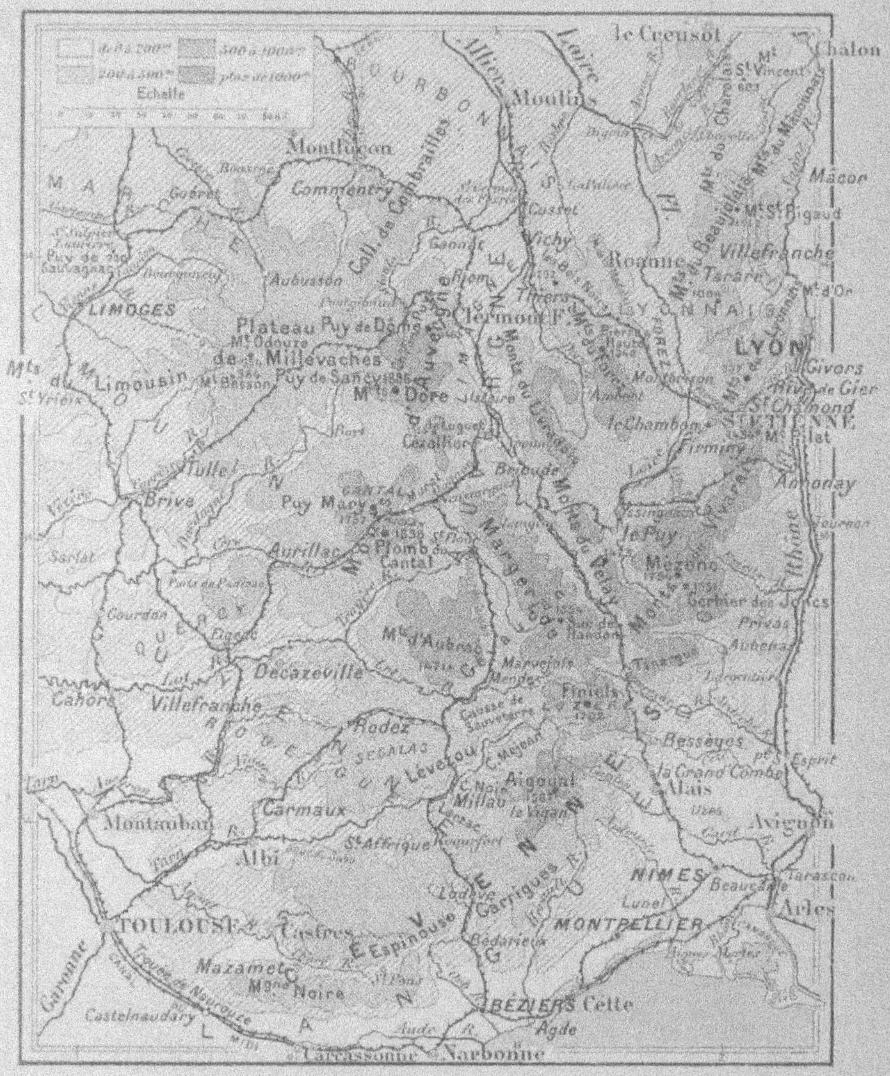

LE MASSIF CENTRAL (CARTE POLITIQUE ET ÉCONOMIQUE)

AC.

LES PYRÉNÉES
Plateau de Lambeye
Collines d'Armagnac
Plateau de Lannemezan
PETITES PYRÉNÉES
Chne du Plantaurel
Corbières
PYRÉNÉES OCCLES
PYRÉNÉES CENTRALES
PYRÉNÉES ORIENTALES
Sierra de Guara
Sra del Monsech
Sa del Cadi
C. de Roncevaux
P. d'Orhy
Somport
Vignemale
Marboré
P. Long
Posets
P. de Nethou
la Maladetta
Montcalm
P. de Carlitte
Canigou
Mts Albères
C. de Tosas
Puigmal
Mts d'Alaric
P. de Bugarach
TOULOUSE
CARCASSONNE
FOIX
TARBES
PAU
AUCH
PERPIGNAN
CARTON D'ENSEMBLE
VOIES DE COMMUNICATION
Brèche de Roland
Saragosse
Lérida
Barcelone
Perpignan

LE BASSIN AQUITANIQUE

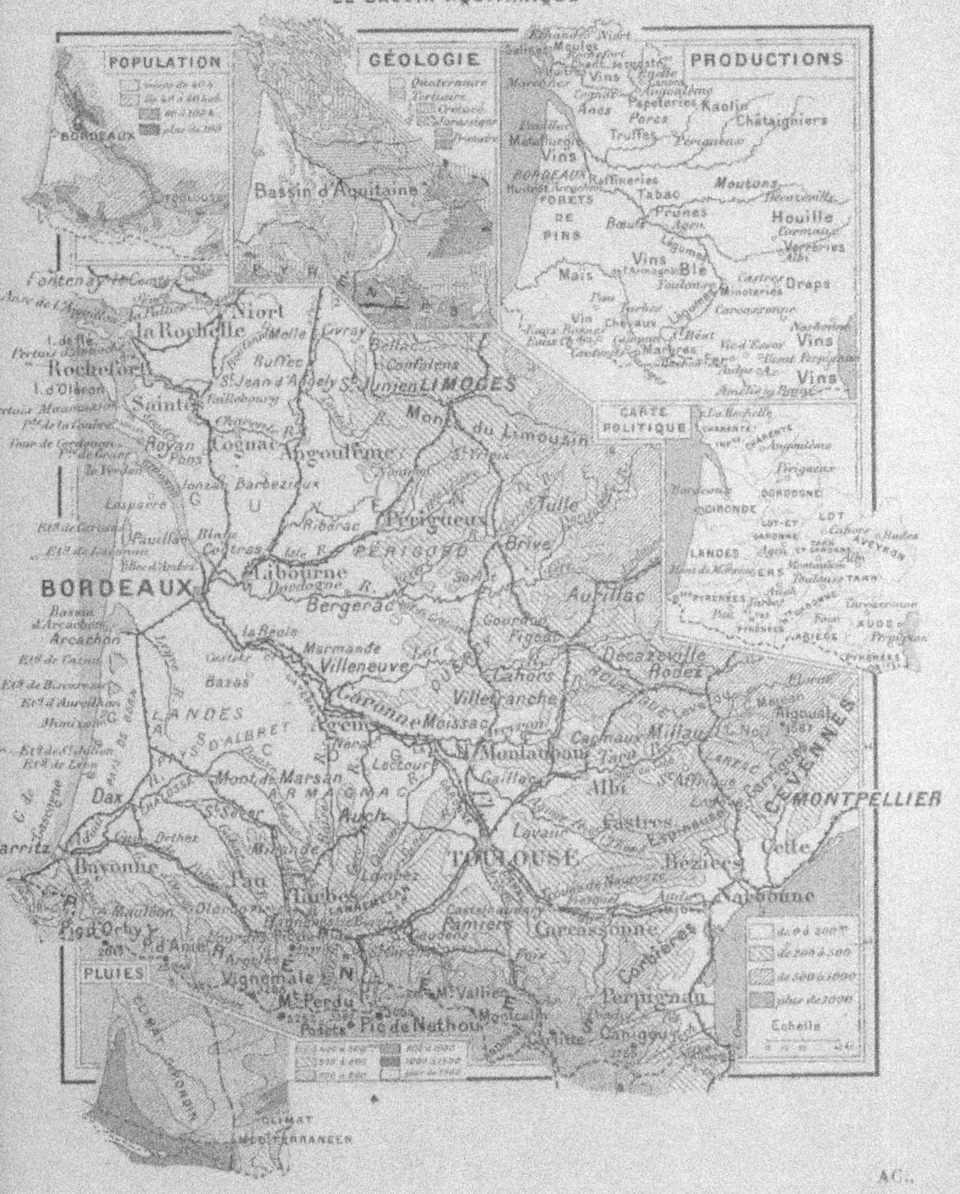

AC..

LE MIDI MEDITERRANEEN

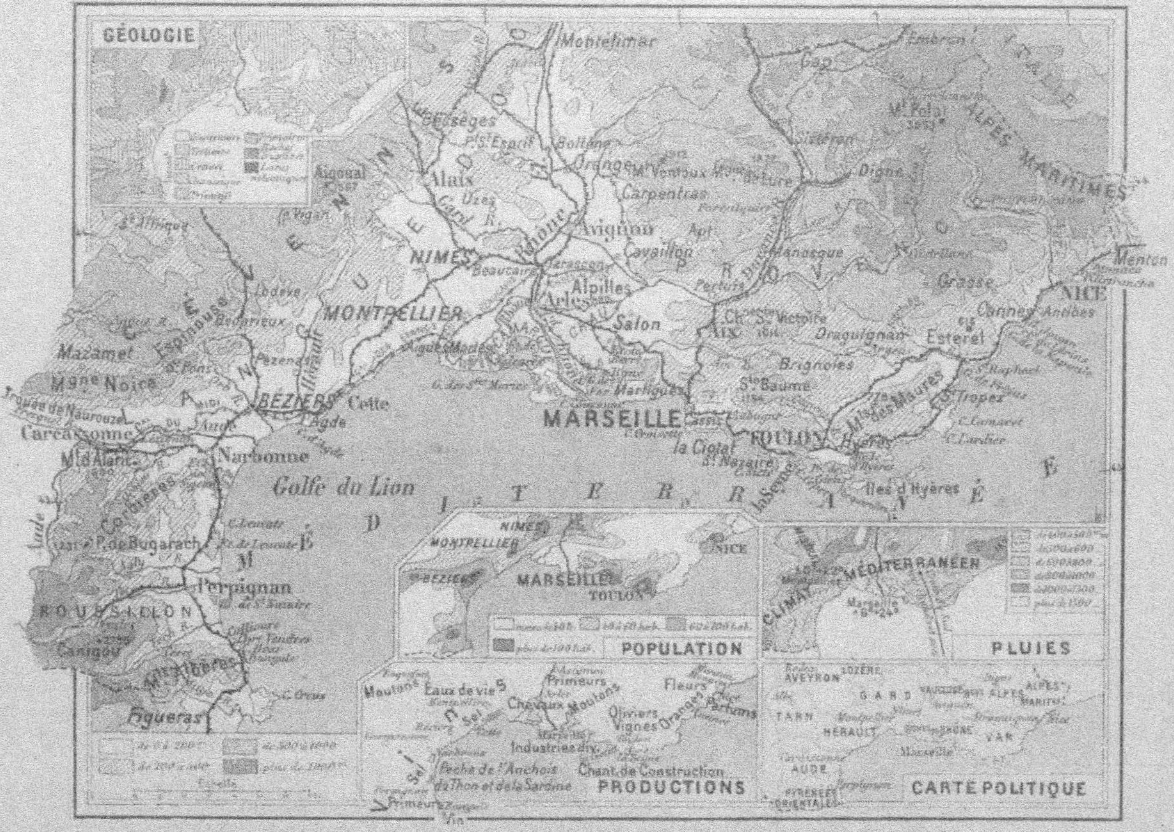

GÉOLOGIE
POPULATION
PLUIES
PRODUCTIONS
CARTE POLITIQUE
MARSEILLE
MONTPELLIER
NIMES
BÉZIERS
TOULON
NICE
Golfe du Lion
ALPES MARITIMES
ROUSSILLON
Avignon
Arles
Narbonne
Perpignan
Carcassonne
Cette
Menton
Gap
Digne
Grasse
Cannes
Antibes
Salon
Aix
Brignoles
Dragulgnan
la Ciotat
Iles d'Hyères
Figueras
Canigou

LA CORSE

Cap Corse
M. Stello
1306
Col de Teghime
Bastia
G. de St Florent
BALAGNE
San Pietro
1362
M. Cinto
2710
Corte
G. de Porto
M. Rotondo
2672
Col de Vizzavona
1162
M. Renoso
2357
G. de Sagone
Ajaccio
G. d'Ajaccio
Incudine
2136
C. Muro
G. de Valinco
Sartène
PLAINE D'ALERIA
Pte de Pinarello
G. de Santa Manza
G. de Rocapina
C. Pertusato
Bouches de Bonifacio
I. DE SARDAIGNE
Echelle
PRODUCTIONS
Cédrats
Pêche
Oliviers
Vigne
Orangers
Chataigniers
Vignes
Chèvres
Moutons
GÉOLOGIE
Quaternaire
Primaires
Roches éruptives
PLUIES
POPULATION

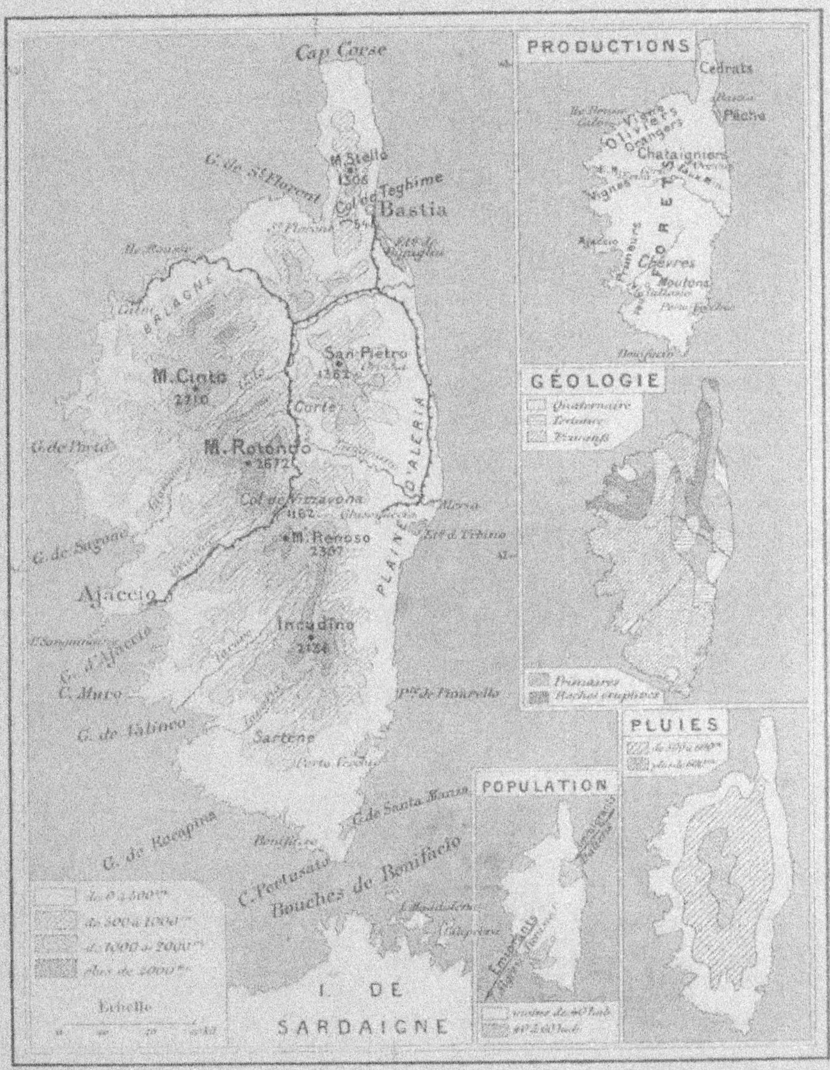

AC...

LES ALPES (CARTE PHYSIQUE)

LA RÉGION ALPESTRE (CARTE POLITIQUE ET ÉCONOMIQUE)

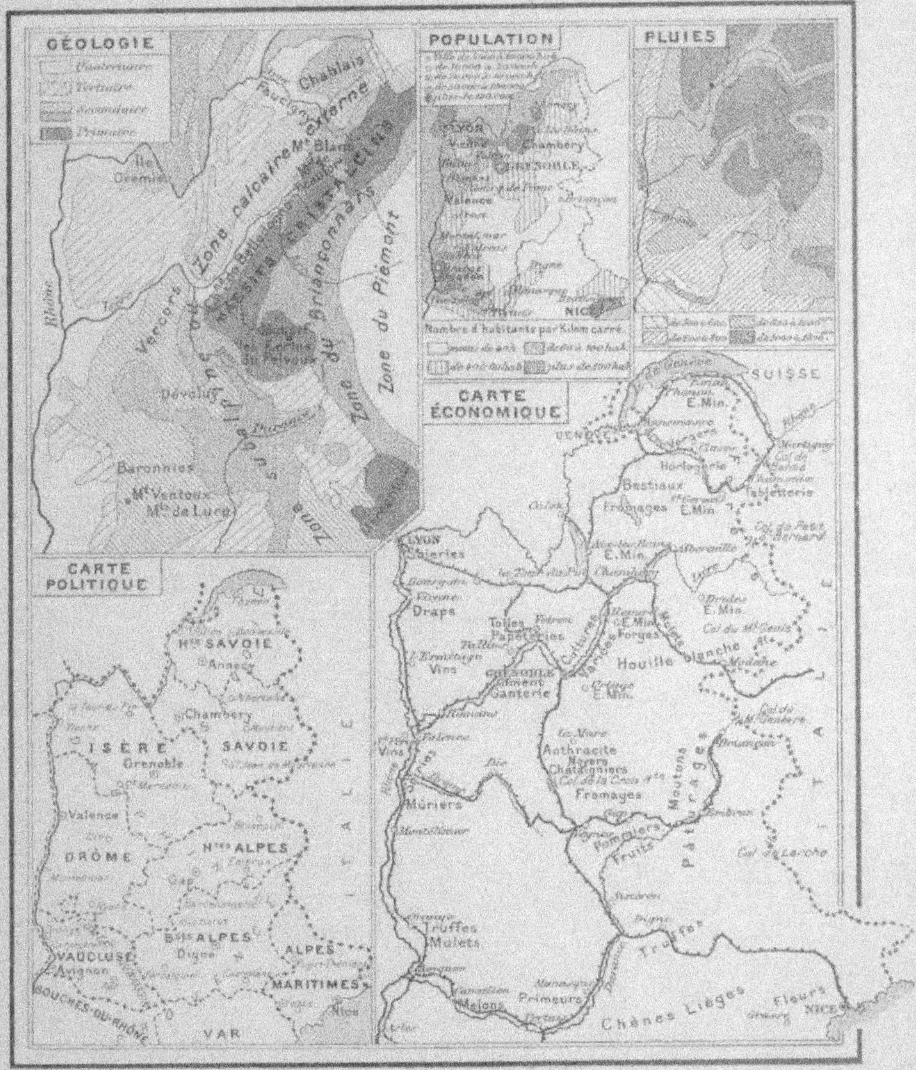

RÉGION DE L'EST (CARTE PHYSIQUE)

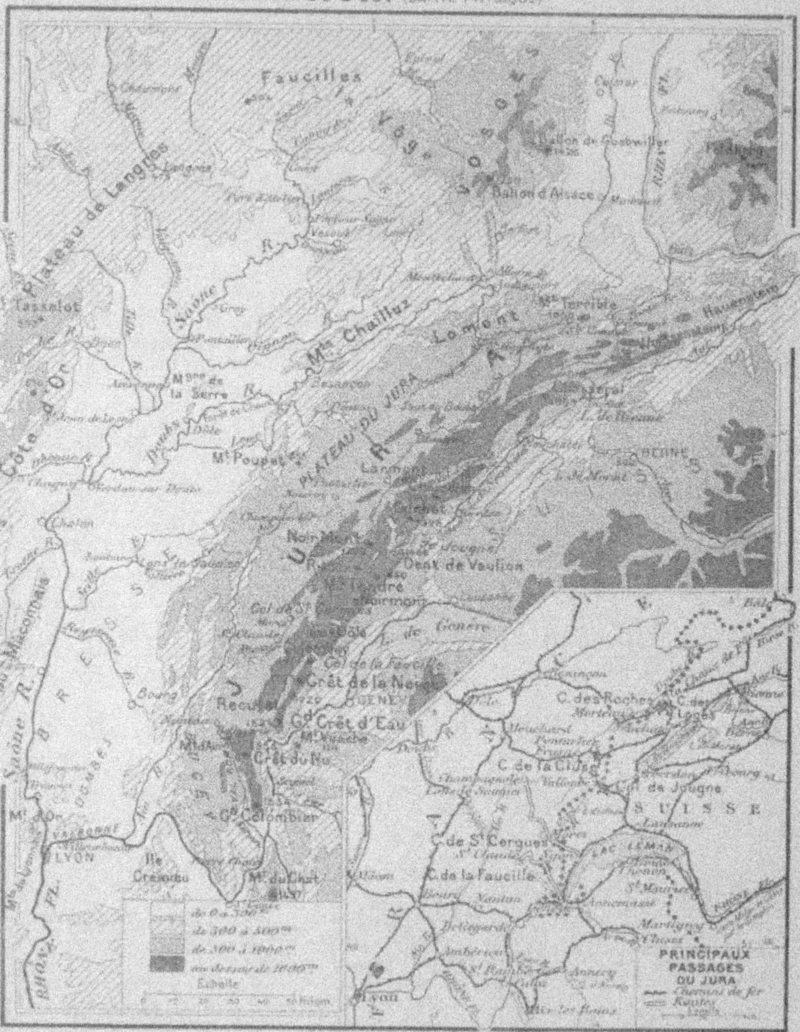

RÉGION DE L'EST (CARTE POLITIQUE ET ÉCONOMIQUE)

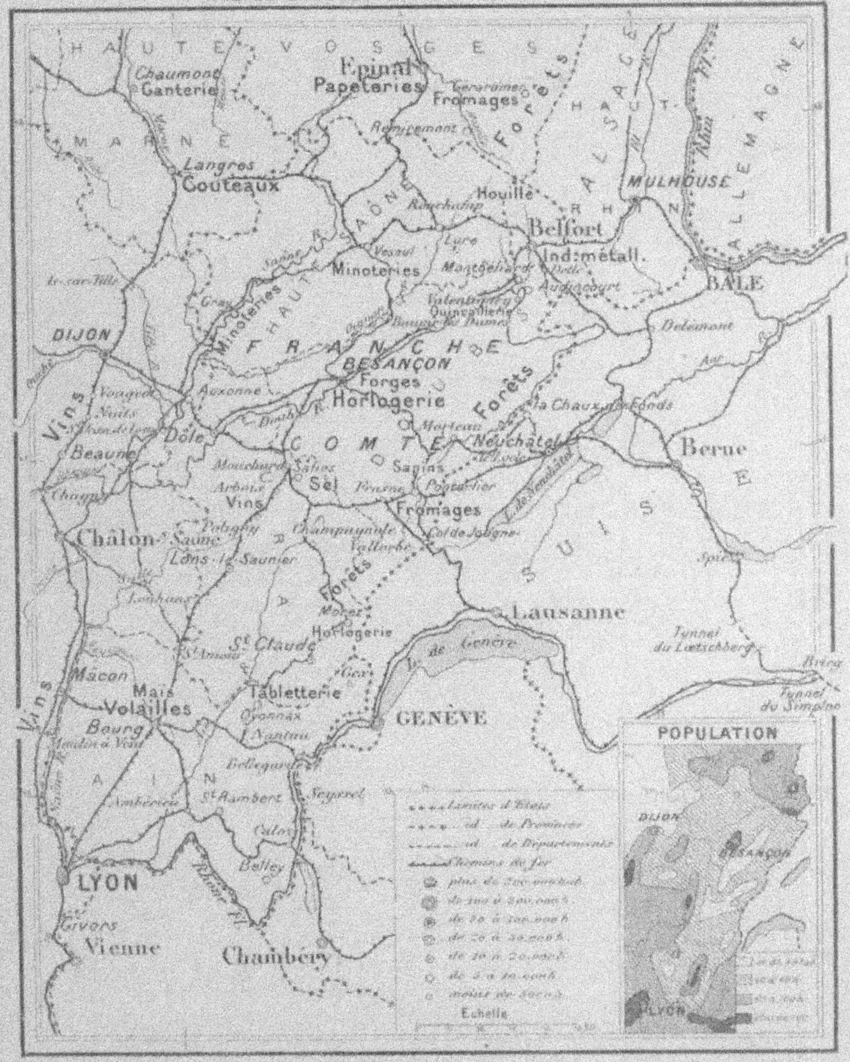

FRANCE AGRICOLE

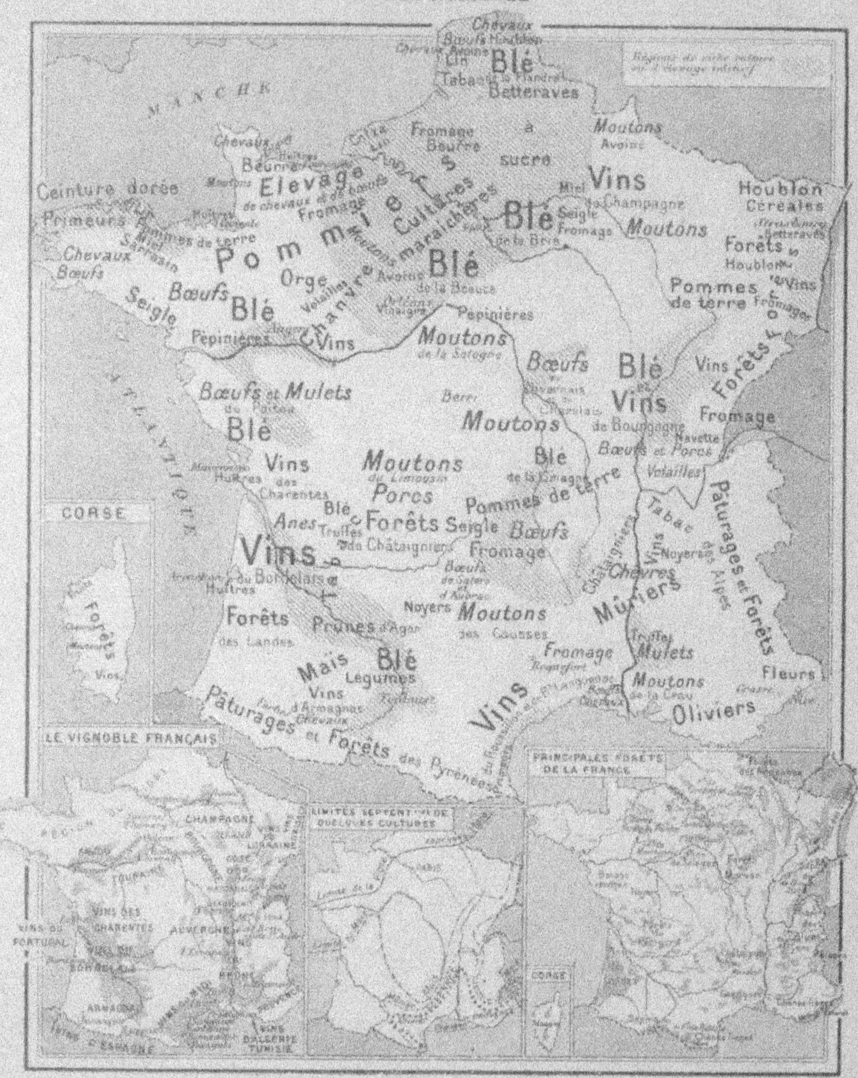

FRANCE INDUSTRIELLE

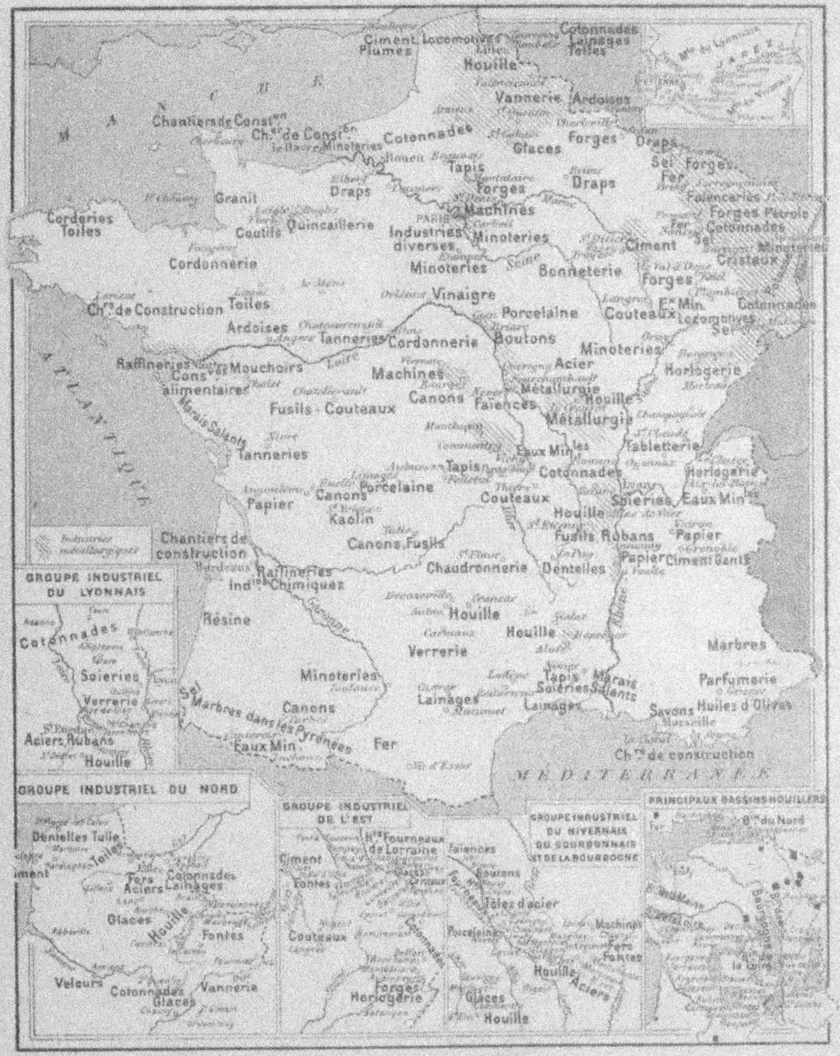

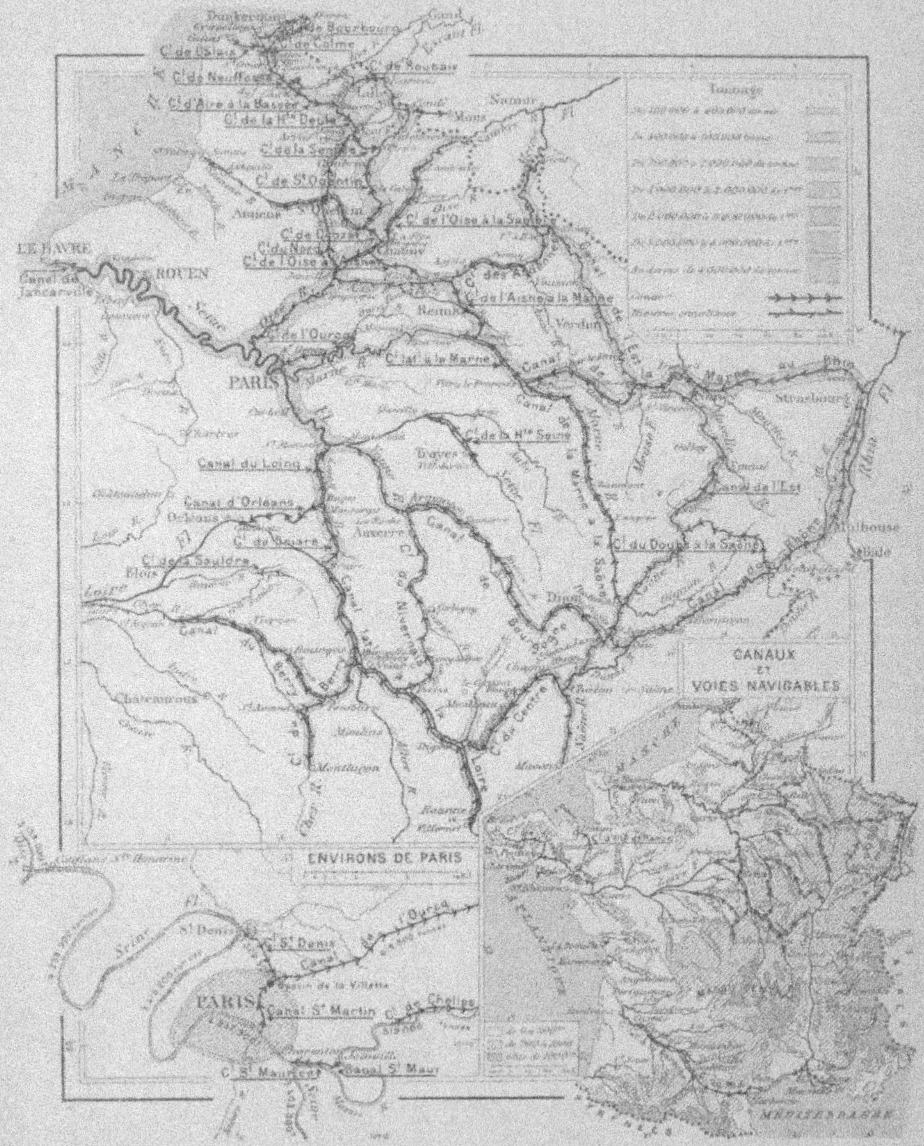
LES CANAUX
Cl de Calais
Cl de Neuffossé
Cl d'Aire à la Bassée
Cl de la Hte Deule
Cl de la Sensée
Cl de St Quentin
Cl de l'Oise à la Sambre
Cl de l'Oise à l'Aisne
Cl de Roubaix
LE HAVRE
ROUEN
Canal de Tancarville
PARIS
Cl de l'Ourcq
Cl lat l à la Marne
Cl de l'Aisne à la Marne
Cl de la Hte Seine
Canal du Loing
Canal d'Orléans
Cl du Berry
Cl de la Sauldre
Canal de l'Est
Cl du Doubs à la Saône
Strasbourg
Mulhouse
Verdun
Reims
Blois
Montluçon
Roanne
Cl du Centre
CANAUX ET VOIES NAVIGABLES
ENVIRONS DE PARIS
St Denis
Cl St Denis
Canal de l'Ourcq
Bassin de la Villette
Canal St Martin
Cl de Chelles
Cl St Maurice
Canal St Maur
MÉDITERRANÉE

LES CHEMINS DE FER

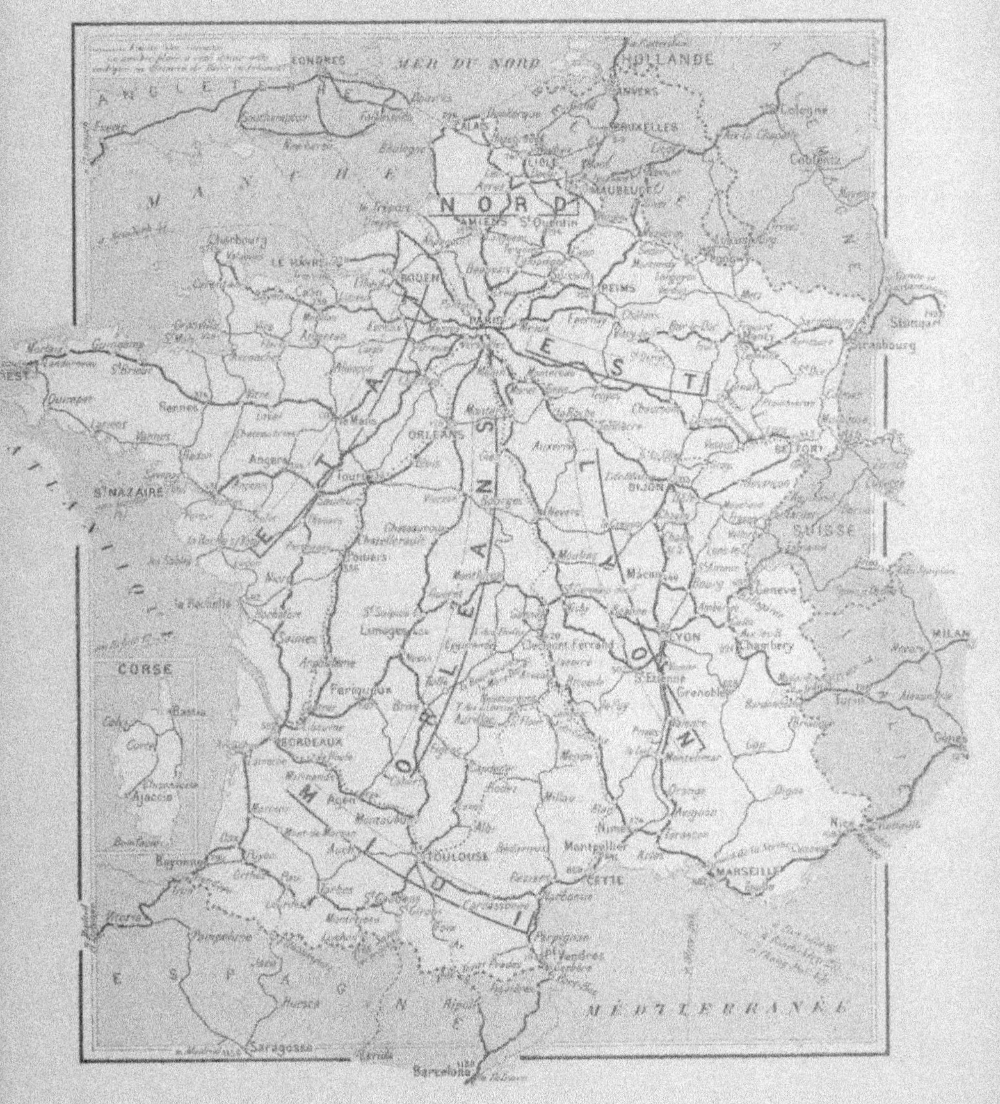

FRANCE ADMINISTRATIVE

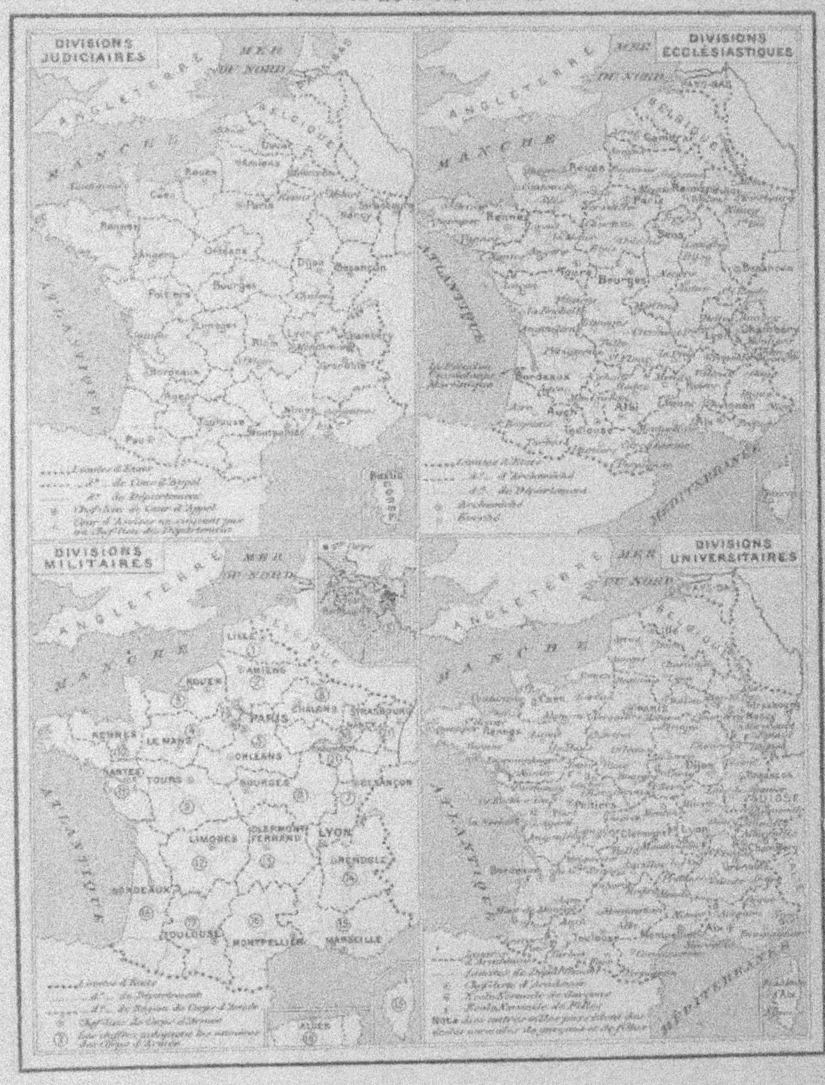

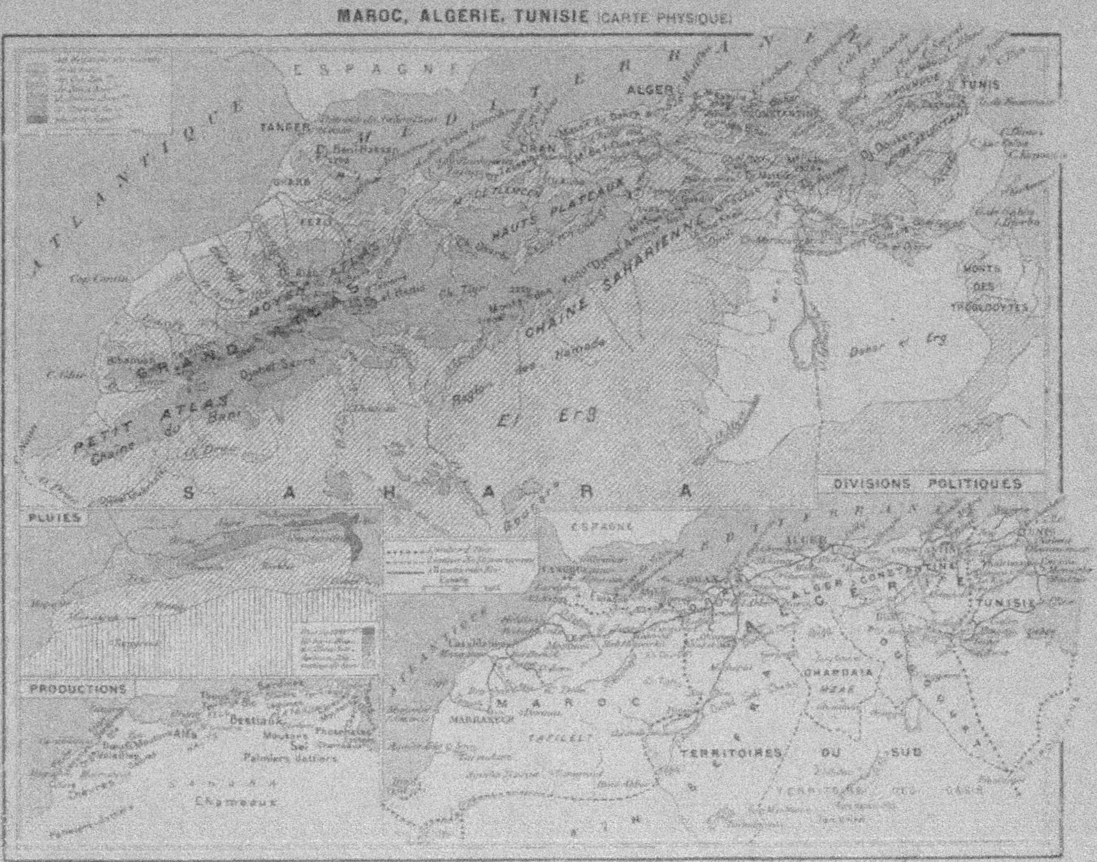
MAROC, ALGÉRIE, TUNISIE (CARTE PHYSIQUE)
ESPAGNE
ATLANTIQUE
MÉDITERRANÉE
TANGER
ALGER
ORAN
TUNIS
FEZ
MOYEN ATLAS
GRAND ATLAS
PETIT ATLAS
HAUTS PLATEAUX
CHAINE SAHARIENNE
MONTS DES TROGLODYTES
Dahar et Erg
El Erg
SAHARA
DIVISIONS POLITIQUES
PLUIES
PRODUCTIONS
Bestiaux
Alfa
Moutons
Sel
Palmiers dattiers
Chameaux
ESPAGNE
MAROC
ALGÉRIE
TUNISIE
ALGER
CONSTANTINE
ORAN
MARRAKECH
TAFILELT
GHARDAIA
TERRITOIRES DU SUD

MAROC

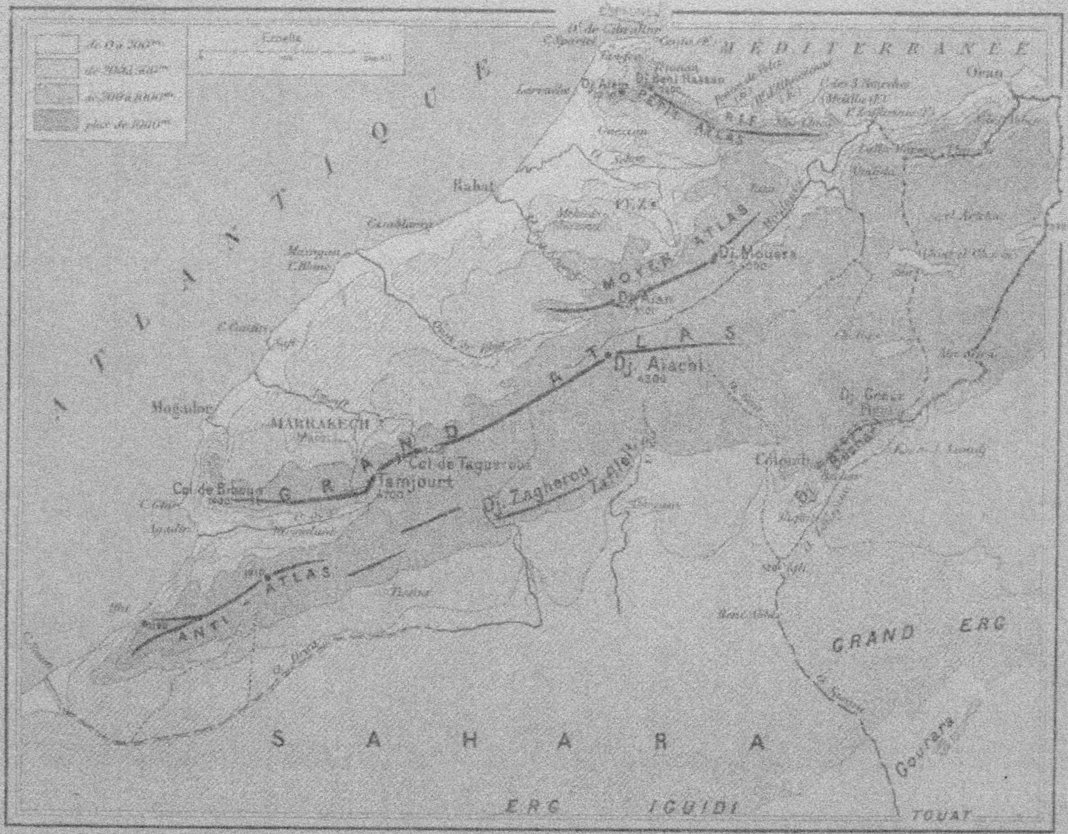

MÉDITERRANÉE
ATLANTIQUE
Oran
Rabat
Casablanca
Mogador
MARRAKECH
FEZ
Dj. Beni Hassan
PETIT ATLAS
MOYEN ATLAS
Dj. Mousera
Dj. Ayan
GRAND ATLAS
Dj. Aiachi
Col de Taguerout
Tamjourt
Col de Bibaoun
Dj. Zagherou
Tafilelt
ANTI-ATLAS
Colomb
GRAND ERG
SAHARA
ERG IGUIDI
Gourara
TOUAT

ALGERIE

ALGER
Bougie
Philippeville
Bône
Miliana
Orléansville
Médéa
Tizi-Ouzou
Sétif
CONSTANTINE
Mostaganem
ORAN
Mascara
Sᵗ bel Abbès
Tlemcen
DÉPARTEMENT D'ALGER
DÉPARTEMENT DE CONSTANTINE
DÉPARTEMENT D'ORAN
Batna
Biskra
Laghouat
TERRITOIRE GHARDAIA
TERRITOIRE D'AIN SEFRA
Aïn Sefra
Figuig
Touggourt
Ouargla
Ghardaïa
Fort Lallemand
El Goléa
Fort Mac Mahon
Fort Hassi Inifel
Fort Miribel
PLATEAU DE TADEMAIT
TERRITOIRE DES OASIS
In Salah

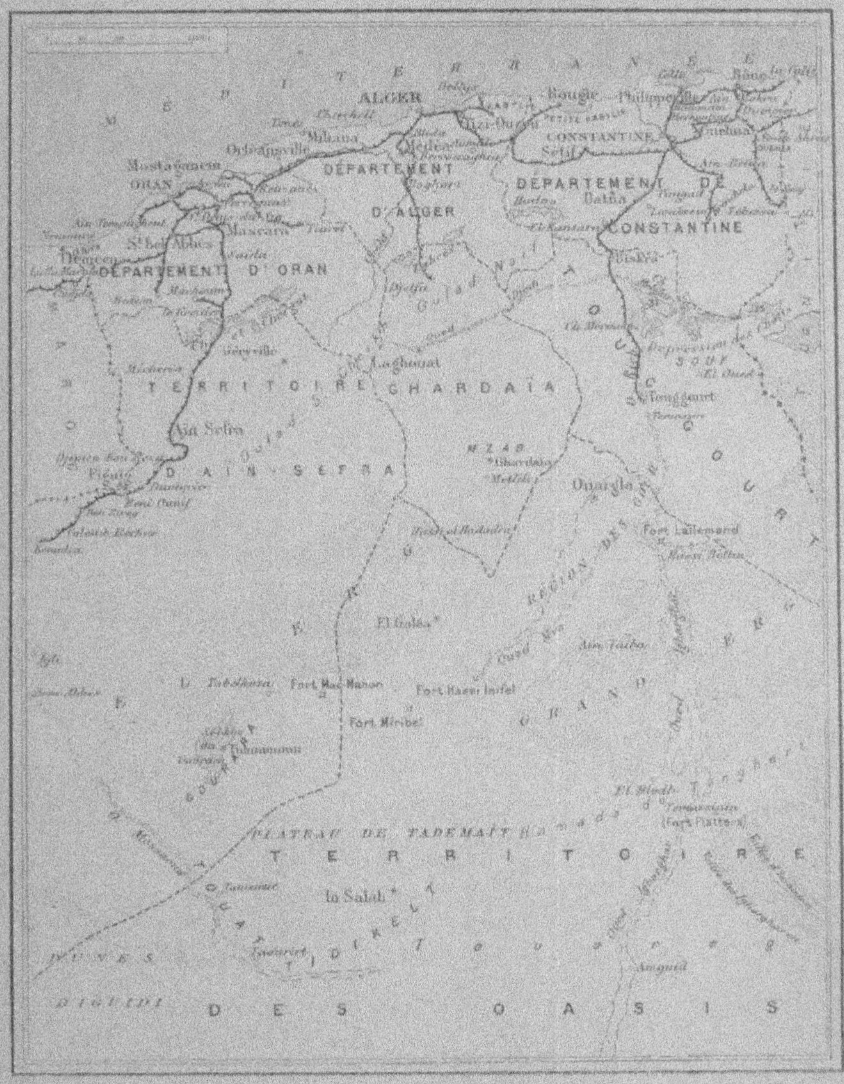

X.

TUNISIE

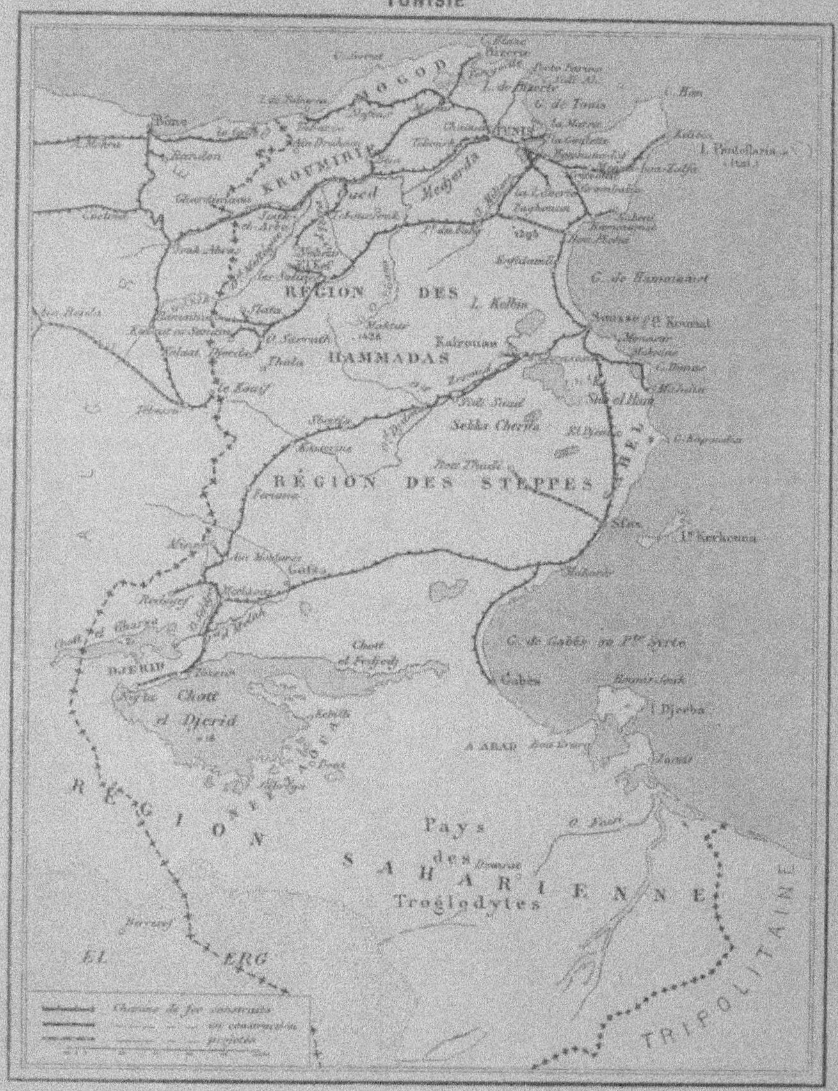

AFRIQUE OCCIDENTALE FRANÇAISE ET AFRIQUE ÉQUATORIALE FRANÇAISE

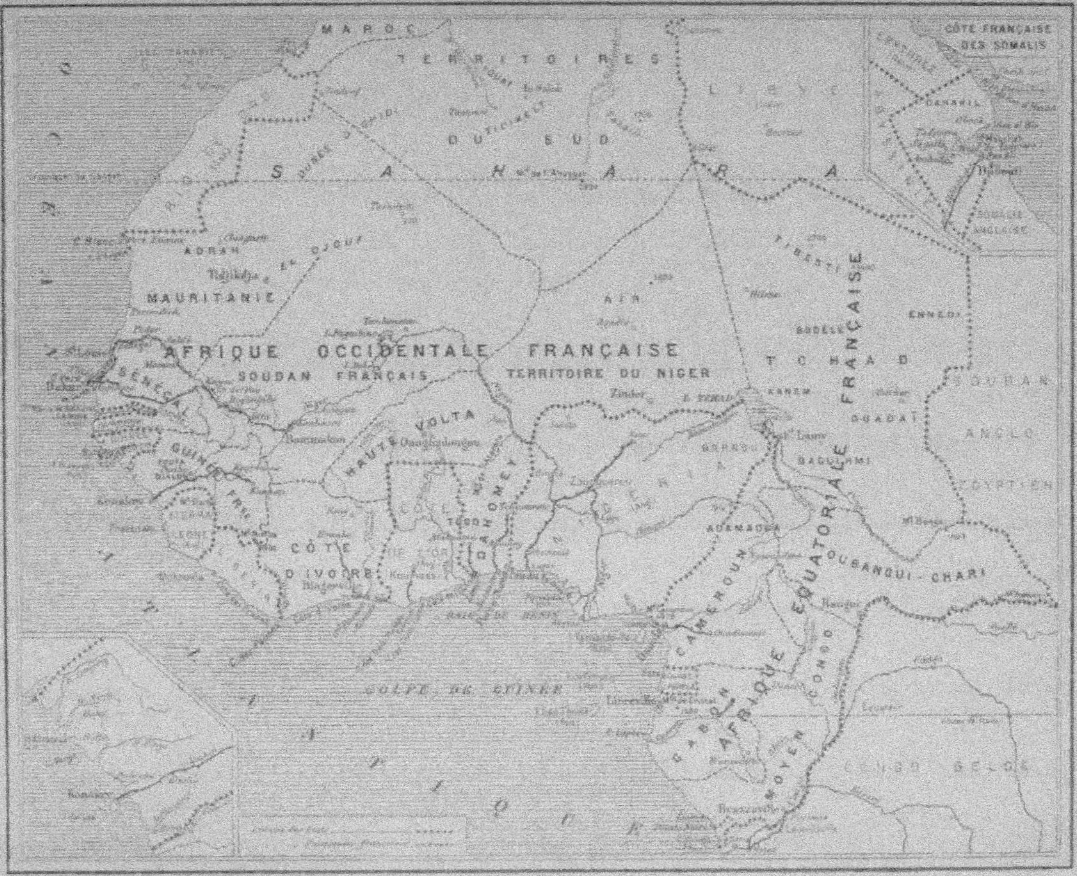

MADAGASCAR

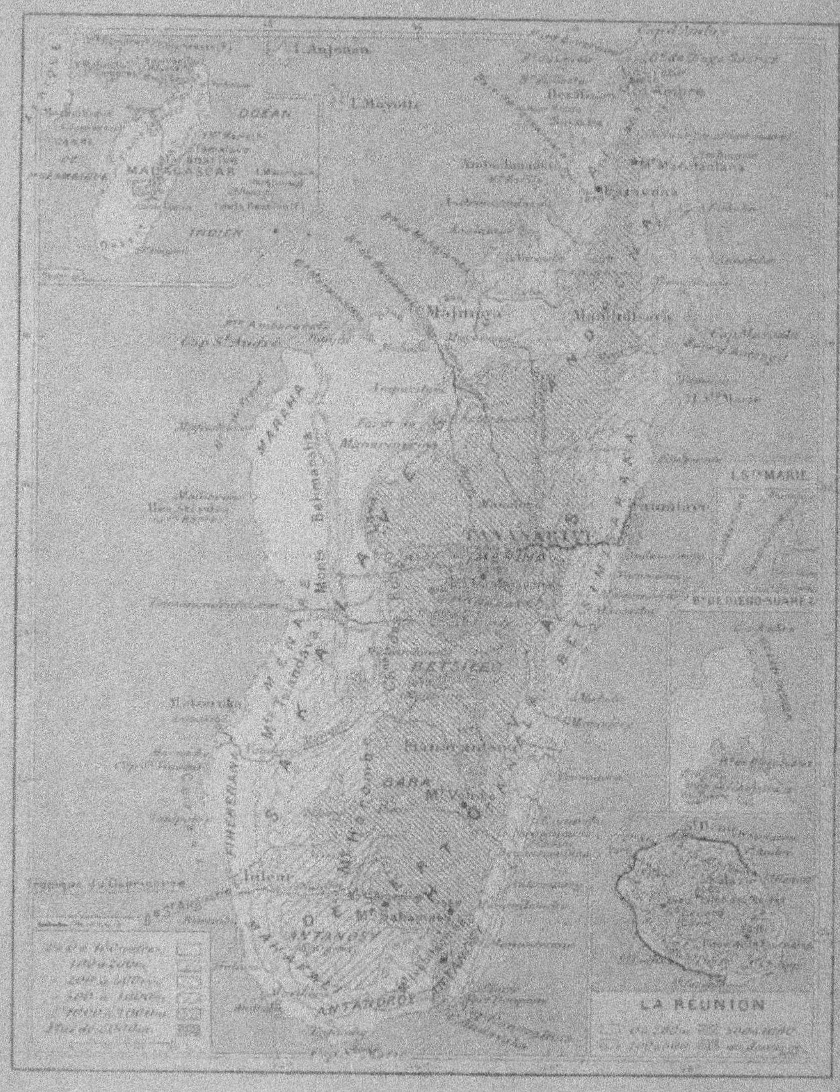

I. Anjouan
I. Mayotte
OCÉAN
MADAGASCAR
INDIEN
Majunga
Cap St André
TANANARIVE
BETSILEO
BARA
ANTANOSY
ANTANDROY
I. Ste MARIE
LA RÉUNION

INDO-CHINE FRANÇAISE

COLONIES D'AMÉRIQUE ET D'OCÉANIE

www.ingramcontent.com/pod-product-compliance
Ingram Content Group UK Ltd.
Pitfield, Milton Keynes, MK11 3LW, UK
UKHW022120260726
13993UKWH00003B/1128